RÉPERTOIRE
DRAMATIQUE

DES AUTEURS CONTEMPORAINS.

I.

Théâtre du Palais-Royal.

LE TORÉADOR,

COMÉDIE EN DEUX ACTES, MÊLÉE DE CHANT.

12 SOUS.

PARIS,

MIFLIEZ,	**QUOY,**
Éditeur des Costumes Français,	Au Magasin de Pièces de théâtre,
QUAI DES AUGUSTINS, 19.	BOULEVART S.-MARTIN, 10.

ET TOUS LES MARCHANDS DE NOUVEAUTÉS.

Bureau de l'Administration, rue d'Enghien, N° 10.

1839.

Le Répertoire Dramatique des Auteurs Contemporains se publie sous les auspices et dans l'intérêt direct de toutes les personnes qui écrivent pour le théâtre ; les moyens de fabrication employés par les éditeurs, leur permettent de publier les ouvrages dramatiques dès la quatrième représentation. Cette célérité d'exécution qui n'a jamais été obtenue est une garantie de succès, en même temps qu'elle satisfera la juste impatience des lecteurs.

Cette grande collection, qui renfermera le plus grand nombre des pièces jouées sur tous les théâtres de Paris, est imprimée avec le plus grand soin sur jésus vélin satiné, dans le format grand in-8° à 2 colonnes ; elle continue et résume ainsi toutes les publications du même genre.

Le Prix des pièces est de 30 à 60 centimes.

Chaque pièce est paginée de manière à former toujours un ouvrage complet.

Imprimerie de Mme De Lacombe, rue d'Enghein, 12.

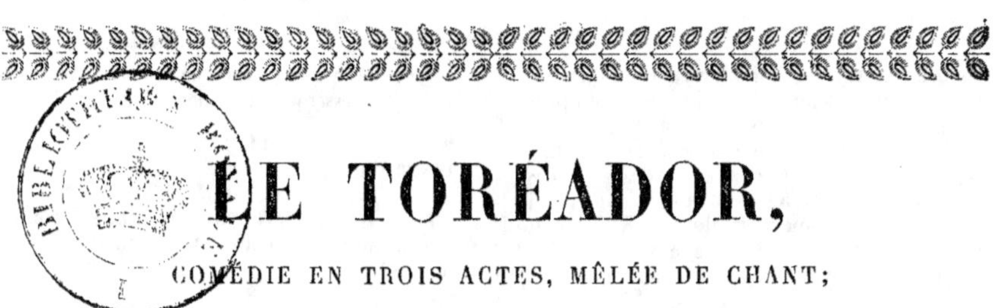

LE TORÉADOR,

COMÉDIE EN TROIS ACTES, MÊLÉE DE CHANT;

PAR

MM. MÉLESVILLE ET CH. DUVEYRIER.

Représentée pour la première fois, à Paris, sur le théâtre du Palais-Royal, le 18 octobre 1839.

DISTRIBUTION :

BOABDIL, toréador	M. ACHARD.	D. MARIA, femme de l'Alcade	Mlle PERNON.

BOABDIL, toréador...................... M. ACHARD.
D. MELCHIOR, Alcade................ M. LEMÉNIL.
LÉON DE BRACY, officier français..... M. GERMAIN.
PACHECHO, valet de Melchior......... M. GRASSOT.
UN VOISIN, UN FACTEUR, TORÉADORS.

D. MARIA, femme de l'Alcade........ Mlle PERNON.
JACINTHE, sa camériste.............. Mme LEMÉNIL.
UN CHEF D'ALGUAZILS.............. M. MASSON.
CLAMPINOS, commissionnaire....... M. OCTAVE.
ALGUAZILS, MASQUES, PEUPLE.

La scène se passe à Séville, sous le règne de Joseph Bonaparte.

ACTE I.

Le théâtre représente un carrefour de Séville. A droite, la maison de l'Alcade qui fait l'angle ; un balcon avec fenêtre grillée au premier, sur la partie oblique ; la porte d'entrée, au-dessous du balcon ; sur la partie qui fait face au public, une fenêtre grillée, au premier, placée de manière que l'on puisse causer de cette fenêtre avec la personne qui est sur le balcon. Au-dessous de cette fenêtre, la lucarne ou œil-de-bœuf du concierge. —A gauche, autre maison avec porte d'entrée et fenêtre au premier avec jalousie. —Plus haut, d'autres maisons et différentes entrées de rues.

SCÈNE I.

(Il fait nuit. Au lever du rideau, Léon est sur le balcon à droite, dont il vient d'enjamber la balustrade.)

LÉON, seul.

M'y voici !.. ce n'est pas sans peine !.. (Se débarrassant de son manteau qu'il pose sur la balustrade.) Orientons-nous un peu !.. Ma charmante Andalouse doit être seule... et en frappant tout doucement à cette croisée... (Il s'arrête.) Qu'est-ce que j'entends ? une porte qui s'ouvre !.. Silence !

SCÈNE II.

LÉON, sur le balcon, DON MELCHIOR, sortant de chez lui. PACHECHO, en bonnet de nuit et sur le pas de la porte. *

DON MELCHIOR, à voix basse.
Tu m'as bien compris, Pachecho ? tu auras les yeux ouverts...

PACHECHO, bâillant.
Oui, seigneur Alcade...

DON MELCHIOR, le secouant.
Animal... tu dors tout debout !

PACHECHO.
Dame ! Vous m'avez réveillé en sursaut... j'aurai un mal à me rendormir !..

* Léon, Pachecho, Melchior.

DON MELCHIOR.
Ne t'en avise pas ! Rentre sans bruit... guette, épie, examine... Quand on a une femme jeune et jolie au milieu d'une nuée d'officiers français qui occupent Séville en vainqueurs, et qui lèvent des contributions de tous genres !... S'il arrivait quelque chose d'extraordinaire...

PACHECHO, se frottant les yeux.
Je vous en rendrais compte demain matin...

DON MELCHIOR.
Du tout... Tu viendrais m'avertir sur-le-champ, à la maison de ville... Si tu ne t'endors pas, j'augmenterai tes gages !..

PACHECHO, rentrant.
Vous me dites toujours cela depuis deux ans !.. Enfin, c'est égal... (Bâillant.) Je me cramponnerai !.. (Il rentre.)

DON MELCHIOR, seul, à mi-voix et regardant autour de lui.
Tout est tranquille ! l'instant est favorable pour cette capture importante... Si je puis présenter au roi Joseph, à son entrée à Séville, ce chef de bandoléros... ce fameux Torribio, que l'on n'a jamais pu arrêter !.. Ce n'est pas que j'aime les Français !.. Oh !.. mais ça peut me faire nommer Alcade-Mayor !... Le bien public avant tout.... Allons... (S'enveloppant dans son manteau.) Mes renseignemens sont sûrs... chez la petite Béatrix.

couturière... rue des Bahutiers, maison du parfu-
meur, au cinquième! Il y a justement un poste
tout près de là... Je tiens mon homme!..
(Il s'éloigne par le fond.)

LÉON, seul sur le balcon, et suivant l'Alcade des yeux.

Impossible d'entendre un mot!.. Qui diable
était-ce donc? n'importe!.. Il est parti... et, cette
fois, je forcerai bien la place à se rendre! (Il
frappe doucement à la croisée et chante à mi-voix.)

Air de la marche de Joconde.

Déjà le jour
Doucement accourt...
Avant son retour
Un seul mot d'amour!..
Toi, que j'adore,
A mes yeux, parais encore;
Viens, d'un amant,
Calmer le tourment!..

SCÈNE III.

LÉON sur le balcon, DONA MARIA derrière la
grille de sa fenêtre ; puis PACHECHO.

ENSEMBLE.

Déjà le jour
Doucement accourt...
Avant son retour
Un seul mot d'amour.

D. MARIA, bas.

Taisez-vous donc... je vous ai bien entendu!..
Quelle impudence! Si l'Alcade revenait... si les
voisins vous apercevaient...

LÉON, bas.

Il n'y a personne... mais, pour plus de sûreté...
ouvrez-moi cette grille et...

D. MARIA.

Ouvrir cette grille! Ah! l'horreur! Jamais,
monsieur! d'ailleurs, je n'ai pas la clé!..

LÉON.

Que vous êtes cruelle!..

D. MARIA.

Je vous conseille de vous plaindre!

LÉON, avec feu.

Si vous saviez ce que je souffre!.. Deux jours
entiers sans vous voir!..

D. MARIA.

Est-ce ma faute?.. Toujours surveillée... Oh!
que je m'en veux de vous aimer!..

LÉON.

Pourquoi?..

D. MARIA.

Parce que c'est mal!.. Mon confesseur me l'a
bien dit... et un Français, encore! Aussi, pourquoi m'avoir sauvée de ce cheval furieux... quand
tout le monde m'abandonnait!.. C'est si difficile
de ne pas être reconnaissante... envers quelqu'un à qui l'on doit la vie et qui a des yeux si
doux!..

Air de Paris et le Village.

C'est un grand péché que l'amour,
Mais l'ingratitude est un crime...
Aussi je combats, tour à tour,
Une tendresse illégitime!..
Un péché nous fait condamner!..
Mais j'ai l'âme si délicate,

Que j'aime encor mieux me damner
Que de passer pour une ingrate.

LÉON.

Chère Maria!..

D. MARIA.

Mais vous ne me ferez pas oublier mes devoirs,
et excepté de venir causer avec vous de temps
en temps!..

LÉON.

C'est tout ce que je demande! (Ils parlent bas,
tandis que Pachecho ouvre la lucarne qui fait face au
public.)

PACHECHO, à part.

C'est drôle! j'ai cru entendre mâchonner!..
Est-ce que not' maître répéterait sa harangue pour
l'entrée du roi Joseph?.. (Il regarde.) Non... il n'y
est plus!.. (Il lève le nez et aperçoit le manteau de
Léon qui pend sur le balcon de son côté.) Oh! un
manteau brun!

(Léon le reprend et le met sur ses épaules.)

LÉON.

Vous le voulez!.. je m'éloigne...

PACHECHO, à part.

Une voix d'homme! Saint Christophe!

LÉON.

Vous reverrai-je à l'église?

D. MARIA.

Non, monsieur... Je n'irai plus... que ce matin,
c'est la dernière fois!

PACHECHO, à part.

Une voix de femme!.. Sainte Véronique!..

LÉON.

Au moins, que je presse cette main...

D. MARIA, la retirant.

Qu'osez-vous demander? (Avançant sa main,
comme pour retenir son manteau.) Prenez donc
garde! votre manteau va tomber...

(Léon la saisit et la couvre de baisers.)

PACHECHO, à part, écoutant le bruit.

Toujours la voix d'homme!..

D. MARIA, à Léon.

Plus de ces imprudences...

LÉON.

Je vous le jure!.. Quand pourrai-je revenir à
cette fenêtre?

D. MARIA.

Oh! jamais! à moins que je ne sois bien sûre!..
Ecoutez... Quand mon Argus s'absentera pour
une nuit tout entière... un pot de jasmin... comme
à l'ordinaire... sur la fenêtre...

PACHECHO, à part.

Un jasmin!.. Voilà le pot aux roses découvert!.. Hé vite, à la maison de ville, par la petite
porte du jardin... Not' maître va avoir de la sa-
tisfaction... S'il ne double pas mes gages, c'est
un cancre! (Il ferme sa lucarne et disparaît en répétant.) C'est un vieux cancre!..

D. MARIA.

O ciel!.. avez-vous entendu?

LÉON.

Quoi donc?

D. MARIA.

Une porte... une fenêtre... quelqu'un qui nous
épie peut-être... Adieu... Fuyez, fuyez...

(Elle pousse sa fenêtre et disparaît.)

LÉON, seul sur le balcon.

Fuyez!.. C'est bien facile à dire!.. le chemin

n'est pas des plus gracieux ! (Il se dispose à descendre. On entend une ritournelle de mandolines et de guitares.) Qu'est-ce que cela?.. Une sérénade?.. les rues de Séville en sont pavées !.. (Il regarde.) Ah! les malheureux !.. ils viennent de ce côté... sous ce balcon! Me voilà bloqué... impossible de m'échapper sans être vu! Que le diable emporte les amoureux, moi compris!..
(Il se blottit sur le balcon de manière à ne pas être aperçu.)

SCÈNE IV.

LÉON, sur le balcon, BOABDIL et plusieurs TORÉADORS avec des mandolines ; puis JACINTHE.

CHOEUR, pianissimo.
Air : Vite à cheval.

Avançons tous,
Silence,
Espoir et prudence !
Belle aux yeux doux,
Nous voici... réveillez-vous !

BOABDIL,
Que, dans ces lieux,
A ma belle
Tourterelle,
Zéphir joyeux
Porte nos chants et mes vœux.

TOUS.
Avançons tous,
Silence,
Espoir et prudence !
Belle aux yeux doux,
Nous voici, réveillez-vous !

BOABDIL, à ses compagnons.
Rangez-vous là !.. et attaquons vivement la chanterelle !

LÉON, à part.
Ils vont me donner un concert !.. comme c'est amusant ! Et si c'était un rival ?

BOABDIL.
Air de Mme Malibran.

O ! ma charmante brunette,
C'est ton amant, oui, c'est moi ;
A ta fenêtre discrète,
Un seul moment montre-toi...
O ma charmante !
O mon infante !
Je languis nuit et jour,
Ah ! d'un tendre retour,
Viens payer mon amour!
O ! ma charmante brunette, etc.
Ah ! viens, à l'instant,
Calmer mon tourment,
Viens, en ce jour,
D'un tendre retour,
Payer mon amour...
Viens, je suis là !
Je suis là !
O ! ma charmante brunette, etc.

CHOEUR.
O séduisante brunette,
C'est ton amant, c'est ton roi ;
A ta fenêtre discrète,
Viens, un moment, montre-toi !

LÉON, à part.
Il va réveiller tout le quartier ! (Les fenêtres des maisons à gauche s'ouvrent successivement, et plusieurs voisins et voisines en bonnet de nuit, paraissent, des lumières à la main.) Qu'est-ce que je disais !..

Air : Chœur bavard des Religieuses. (3e acte du Domino noir.)

Ah ! quel vacarme ! ah ! quel tapage affreux !
Tous les chats du quartier sont-ils donc en ces lieux ?
C'est un bruit scandaleux !
C'est un éclat honteux !
Car personne en ces lieux,
Ne peut fermer les yeux !
Finissez donc !.. Quel est le vagabond
Qui vient chanter ainsi devant chaque maison ?..
Mais, qu'on l'arrête donc !
Qu'on le mène en prison !..
Avec tous ses fron, fron...
Et ses zon, zon !

CHOEUR DE TORÉADORS.
Finissez donc... vous criez sans raison,
Chacun de nous, vraiment, n'est point un vagabond,
Et, pour une chanson,
Me traiter d'vagabond,
Et parler de prison,
Fi donc !.. fi donc !

BOABDIL, aux voisins.
Taisez-vous donc vous-mêmes... si vous croyez que vous chantez juste !..

UNE VIEILLE, à sa fenêtre, à gauche.
A-t-on jamais vu !.. Oser me donner une sérénade ! A moi !..

BOABDIL.
Ne vous fâchez pas, ma brave femme, ce n'est pas pour vous !..

LA VIEILLE.
Hé mais! c'est le Toréador, ce mauvais sujet de Boabdil !

BOABDIL.
Enchanté d'être connu d'une personne aussi respectable !.. Bien des choses chez vous... Allez-vous coucher !

UN VOISIN, furieux, jetant son flambeau au milieu des musiciens.
Impertinent !

BOABDIL, ramassant une pierre.
Des projectiles ! gare les yeux !..
(Il la lance et casse une vitre.)

TOUS, fermant leurs fenêtres.
Au feu !.. à l'Alcade !.. au Corrégidor !..

LÉON, à part
Dieu ! une bataille ! Il ne me manquait plus que cela !

JACINTHE, ouvrant sa fenêtre qui est près de Léon.
Sainte Vierge ! quel vacarme !..

LÉON, bas à Jacinthe.
C'est toi ! Jacinthe...

JACINTHE, bas.
M. Léon ! vous êtes encore là ?..

LÉON, bas.
Ils me ferment le passage !.. Mais toi, Jacinthe, trouve donc quelque moyen !.. tu sais ce que je t'ai promis... si je réussis auprès de dona Maria... une dot et mille baisers...

JACINTHE, bas.
Cachez-vous !.. (Appelant.) Hum ! hum !.. seigneur Boabdil !

BOABDIL.

C'est elle, mes amis.

JACINTHE, se penchant.

Où êtes-vous donc?

BOABDIL, amoureusement.

Ici, chaste hirondelle de l'Alhambra! (Il vient avec ses compagnons sous la fenêtre de Jacinthe.)

JACINTHE, bas à Léon.

Le chemin est libre! beau colonel... sauvez-vous! (Haut et se croisant les bras.) Ah! je suis enchantée...

BOABDIL.

Vous êtes bien bonne!..

JACINTHE.

De vous dire que c'est une indignité! Comment, monsieur, mettre toute la ville en révolution!.. compromettre ma vertu et casser les vitres!..

BOABDIL.

Mais...

JACINTHE.

Il suffit... renvoyez votre suite!.. on n'a pas besoin d'un régiment pour s'expliquer... Comme me je ne veux plus vous voir, je vais descendre vous donner votre congé. (Elle disparaît.)

UN TORÉADOR.

Eh bien! dis donc, c'est comme ça qu'elle te reçoit!..

BOABDIL, à ses amis.

Manière pudibonde de m'accorder un rendez-vous... Allez, mes amis... et dès que la barrière sera ouverte, que vos fanfares m'avertissent!..

CHOEUR.

AIR : Vite à cheval.

BOABDIL ET SES COMPAGNONS.

Retirez-vous,

Retirons-nous;

Silence,

Espoir et prudence,

Du rendez-vous,

Eloignez
Eloignons   tous les jaloux.

LÉON, dans le fond et enveloppé de son manteau.

Retirons-nous,

Silence,

Espoir et prudence,

Belle aux yeux doux,

Je reviens bientôt vers vous!

(Ils disparaissent tous.)

SCÈNE V.

(Le jour vient peu à peu.)

BOABDIL, JACINTHE.

BOABDIL, courant à elle.

Te voilà donc, chère petite colombe parisienne! Le combat de taureaux, qui ouvre les fêtes du carnaval, va sonner! Je viens chercher tes couleurs et un baiser. (Il veut l'embrasser.)

JACINTHE, dignement et le repoussant.

Laissez-moi, monsieur... je n'aime pas ces manières-là!..

BOABDIL, étonné.

Qu'est-ce que c'est? tu repousses ton Boabdil, ton roi maure, ton lion du désert!

JACINTHE.

Mon lion du désert est un paltoquet!.. m'affi-cher comme une je ne sais qui!.. m'exposer à être chassée comme une je ne sais quoi!..

BOABDIL, fièrement.

Eh bien! si l'on te chasse, tu t'en iras?..

JACINTHE.

Et où ça?

BOABDIL.

Avec moi, tendre gazelle!

JACINTHE.

Belle perspective!.. tu n'as pas le sou!

BOABDIL, gaîment.

C'est vrai!.. c'est toujours ce qui m'a empêché de faire fortune! (Fièrement.) Mais ne t'y trompe pas, Jacinthe! mon sort n'est point à dédaigner!.. Sous ce manteau vulgaire, sur ce front majestueux, ne lis-tu pas les signes d'une grandeur déchue?..

JACINTHE.

Ma foi, non!.. je n'y vois que le teint d'un moricaud... assez joli garçon... et beaucoup d'effronterie!..

BOABDIL.

C'est cela! l'éclat du sang royal qui coule dans mes veines! Tel que tu me vois, je descends des rois maures de Grenade... je suis le dernier des Abencerrages.

JACINTHE.

Toi!

BOABDIL.

Le fameux Boabdil dont je porte le nom... était mon grand oncle à la mode de Bretagne!

JACINTHE.

Vraiment?

BOABDIL.

Ce gueux de Ferdinand de Castille, m'a volé mon royaume, comme s'il me l'avait pris dans ma poche! J'attends toujours que ses successeurs me le rendent!.. Mais les gaillards font la sourde oreille!.. Dans ce moment, ils auraient la plus belle occasion... Ce roi Joseph Bonaparte qui arrive là comme Mars en carême!.. il me dirait : « Boabdil, mon garçon... voilà ton royaume de » Grenade... prends-le et porte-toi bien... » Je lui dirais : « Merci, mon frère, à charge de » revanche! S'il m'en tombe jamais un sous la » main...» Voilà comme on agit entre têtes couronnées! Ah! bien oui... n'ayez pas peur qu'il y pense!..

JACINTHE.

Oh! dans cette famille-là, ce qu'ils tiennent, ils le tiennent bien?

BOABDIL.

Ne pouvant donc porter ma couronne, je me suis mis à porter autre chose! Je me rends utile à mes sujets... je fais leurs commissions!.. Leste, actif, intrépide... le nez au vent, le jarret tendu... je suis toujours là, prêt à courir les quatre coins de Séville... et les jours de fêtes, de combats... il faut me voir quand je m'élance dans l'arène...

AIR : Le Trombonne. (Hor. Sonnet.)

Le taureau part, il franchit la barrière!

De mon manteau j'enveloppe mon bras,

Je frappe, il fuit dans des flots de poussière!..

Je le poursuis, je m'attache à ses pas!

Il fond sur moi! c'est le vent des tempêtes!

D'un second coup, je l'abats! il est mort!

Puis un hourra! les clairons!.. les trompettes!

Gloire au vainqueur! gloire au Toréador!..

(Il imite la trompette pendant la ritournelle).

Et les femmes ! il faut les voir alors !

L'une me jette et bouquets et couronne !
L'autre à mes pieds laisse tomber son gant !
Une troisième, au doux maintien de nonne,
Me dit tout bas et le cœur palpitant :
J'ai dédaigné les grands d'Andalousie,
Mais à minuit, à l'heure où chacun dort,
Je pourrai bien ouvrir ma jalousie
A mon vainqueur... à mon Toréador !..

JACINTHE, parlant.
Comment, monsieur !...

BOABDIL, de même.
Mais je n'irai pas, incapable... Dieux ! (A part.)
Prends-garde de le perdre ! (Il imite la trompette
comme au premier couplet, pendant la ritournelle.)

JACINTHE, se radoucissant.
Hum ! mauvais sujet ! mais tout cela ne suffit
pas pour nous marier ! car moi aussi... (en soupirant) je suis une puissance déchue...

BOABDIL.
Une puissance ?

JACINTHE.
Je crois bien... une modiste du passage des
Panoramas ! BOABDIL.
Qu'est-ce que c'est que ça ? les Panoramas ?
une maison religieuse où l'on pratique la vertu ?

JACINTHE.
Et où l'on fait des chapeaux !.. J'étais partie à
la suite du roi Joseph avec une pacotille de cartons remplis de bonnets délicieux, pour tenter la
fortune... Je n'ai tenté que les voleurs qui m'ont
dévalisée aux portes de Séville.

BOABDIL, gravement.
Ils ne vous ont pris que vos cartons, Jacinthe ?

JACINTHE, soupirant.
Ah !.. et mes bonnets aussi !.. Bien heureuse,
en arrivant, de trouver une place de camériste
chez l'alcade don Melchior de la Muscada, dont
la femme apprécie mes talens, ma discrétion...
et qui n'est point fâchée de se perfectionner dans
la langue française !

BOABDIL.
Ah !.. elle a du goût pour le français ?

JACINTHE, souriant à demi.
Beaucoup ! Et s'il y avait du progrès... je suis
sûre que j'y gagnerais une bonne dot !.. Mais
vous me la ferez perdre, en me compromettant
sans cesse !.. toujours sous ma fenêtre, ou sur
mes pas !..

BOABDIL, avec passion.
Que veux-tu ?... Je t'aime comme un léopard
et je suis jaloux comme un tigre !.. J'avoue mon
faible, moi !.. Au moindre doute, je casse tout !..
au moindre soupçon, je joue des couteaux.

JACINTHE.
Fi ! l'horreur !.. Et pourquoi êtes-vous jaloux,
monsieur ?..

BOABDIL.
Parce que tu me refuses toute espèce de rendez-vous !.. quand il serait si facile... dès que l'Alcade n'y est pas... Un petit signal qui n'aurait
l'air de rien !... (Lui prenant la taille.) Tiens, hier
encore... je passais sous ce balcon... et en
voyant un pot de jasmin qu'on y avait oublié
sans doute...

JACINTHE, à part.
Il l'a remarqué !

BOABDIL.
Je me disais... que ce serait un excellent télé-
graphe pour dire à son petit Boabdil : « Il n'y a
» personne, monte vite !... »

JACINTHE, sévèrement
Qu'est-ce que c'est, monsieur ?

BOABDIL.
Rien... rien... une simple réflexion. (A part.)
Elle m'a compris... elle s'en servira à la première
occasion !.. Ces jeunes filles, il ne faut que leur
indiquer les choses.

JACINTHE, tendrement.
Monstre que vous êtes ! Vous savez bien que
je n'aime que vous, que je ne suis heureuse qu'a-
vec vous, et que le plus beau jour de ma vie, sera
celui où notre fortune me permettra de vous em-
mener à Paris, de vous présenter à toutes mes
compagnes du passage des Panoramas !

Air : Ces Postillons sont d'une maladresse.

De mon roi maure, ah ! que je serais fière...
On m'envirait un si gentil mari !..
Chaque dimanche au bal de la Chaumière,
Sous votre bras, je m'en irais ainsi,
Ou bien à Sceaux, ou bien à Tivoli !..
Qu'il serait beau de voir sous ces ombrages,
Un prince boire un verre de coco...
Et le dernier des fiers Abencerrages,
    Dansant la Monaco !

BOABDIL, ravi.
Quel tableau !.. Vrai, Jacinthe... tu m'aimes?..
tu es fidèle ?

JACINTHE.
Foi de modiste !

BOABDIL, transporté.
O rose de Tripoli... je ne voulais pas te le dire
avant cet aveu !... Mais notre mariage est sûr !

JACINTHE, vivement.
On te rend ton royaume?.

BOABDIL.
Pas encore !

JACINTHE.
Tu as gagné un terne ?

BOABDIL.
Mieux que cela ! (Prêtant l'oreille.) Tu n'as pas
entendu sonner quatre heures ?... *

JACINTHE.
Non.

BOABDIL.
C'est qu'alors ma fortune sera faite. Écoute, tu
n'ignores pas que l'Alcade me deteste cordia-
lement?..

JACINTHE.
Au point que si tu osais paraître chez lui...

BOABDIL.
Il me ferait jeter par les fenêtres, c'est connu!

JACINTHE.
Et pourquoi donc?

BOABDIL.
Une misère... un malentendu!.. avant son
mariage... Il courait toutes les petites grisettes
de Séville... on lui en souffla une, il s'imagina
que c'était moi!

JACINTHE.
Comment, Monsieur?..
BOABDIL, d'un air fat, et rajustant sa collerette.
Ce n'était pas vrai... non, parole d'honneur!..

il n'y avait rien!.. mais le pauvre Alcade me prit
dans une aversion!.. ce qui m'était d'autant
plus pénible... que dans ma position de roi...
en disponibilité et sans domicile... il pouvait
m'envoyer journellement en prison!.. je voulus
me reconcilier avec lui, en cherchant à lui être
agréable... en lui rendant mille petits services!..
mais vois la fatalité, tout semblait tourner contre
moi!.. je ne pouvais toucher à ce malheureux
Alcade, sans lui faire plaies et bosses!.. Le jour
de son mariage.... il était superbe.... des bas
blancs!.. Je lui tends la main pour sauter le ruis-
seau, il ne se prête pas!.. cloc!.. il retombe au
beau milieu... jusque là!..

JACINTHE, riant.

Avec ça qu'en Espagne, on ne balaye que tous
les six mois!

BOABDIL.

Un autre soir, j'entends crier... je reconnais
sa voix... je crois qu'on l'attaque... je cours pour
le défendre, pan! pan!.. il se trouve que je lui
donne une roulée atroce!

JACINTHE.

Maladroit!

BOABDIL.

Et mille autres méprises semblables! si bien
que l'infortuné ne pouvait me voir... c'était de
l'hydrophobie! j'enrageais... surtout depuis que
je t'aimais!.. n'oser se présenter... mais cette
fois, mon bon ange m'a inspiré...

JACINTHE.

Encore un service que tu veux lui rendre!

BOABDIL.

C'est fait!.. et un service qui vaut de l'or!
je savais quel prix il mettait à s'emparer du
fameux Torribio, le chef de Bandoléros! instruit
que le coquin se faufilait souvent, à 4 heures de
la nuit chez la petite Béatrix: une petite couturière... rue des Bahutiers, au cinquième...
avant de venir, j'ai embusqué les Alguazils dans
l'escalier... dès que notre fripon sera entré...
ils se pricipitent sur lui... lui jettent un manteau sur la tête, pour empêcher ses cris, et
l'amènent pieds et poings liés, à notre cher
Alcade qui ne s'attend pas à la surprise que je
lui ménage!

JACINTHE.

Ah!.. c'est parfaitement combiné!..
(On entend sonner quatre heures).

BOABDIL.

Quatre heures! tiens! on le saisit dans ce
moment! vois-tu d'ici la joie de ton maître...
les ducats, les piastres, les bénédictions dont il
m'acable!.. je deviens son toutou, son benjamin.

JACINTHE, l'embrassant.

Il serait possible... ah! mon petit Boabdil,
que tu es gentil... que je t'aime... Eh! mais,
quel tapage?

BOABDIL, avec joie.

C'est notre coquin... il est pris! *

JACINTHE.

Oui, vraiment! un homme la tête enveloppée!

BOABDIL.

Va vîte réveiller l'Alcade pour qu'il l'interroge.

JACINTHE.

Tout de suite. (A part). Je voudrais pourtant
voir sa figure!..

* Boabdil, Jacinthe.

SCÈNE VI.

LES MÊMES plusieurs ALGUAZILS, tenant au milieu
d'eux un homme dont la tête est enveloppée et ser-
rée par un mouchoir de soie.

CHOEUR.

Air : C'est la gaîté qui nous appelle, Marquis en gage.

Pour nous l'excellente aventure!
Nous tenons enfin le larron!
Le gibet bientôt, je le jure,
Ici nous en fera raison.

LE CHEF DES ALGUAZILS, le secouant.

Marche donc, drôle!..

BOABDIL.

Et pas de résistance! (L'homme veut se jeter sur
lui), Retenez-le... le scélérat veut me dévisager!..
on dirait qu'il se doute que c'est moi qui l'ai fait
arrêter!

L'HOMME, frappant du pied.

Oh!

BOABDIL, s'approchant.

Oui... voleur effronté... je m'en vante!..
c'est à moi que tu dois l'honneur... de paraître
devant l'auguste magistrat... où est-il?.. et de
présenter ces traits patibulaires... (Tout en parlant il a dénoué le mouchoir et enlevé le manteau qui
lui couvre la tête. On voit la figure de l'Alcade, rouge
et presque suffoquée.)

D. MELCHIOR.

Misérable!..

BOABDIL, reculant.

Qu'ai-je vu?..

TOUS.

L'Alcade!..

JACINTHE, à part.

Bonté divine!

BOABDIL, confondu.

Je me trouve mal!

JACINTHE, bas.

Tu as joliment travaillé!... Tire-toi de là
comme tu pourras!
(Elle rentre dans la maison sans être aperçue *.)

D. MELCHIOR, furieux.

Infernal toréador, je te trouverai donc toujours!

BOABDIL, suppliant.

Seigneur Alcade...

D. MELCHIOR.

C'est encore toi qui avais préparé cet infâme
guet-apens.

BOABDIL.

Je suis confus...

D. MELCHIOR.

Au risque de m'étouffer...

BOABDIL.

Permettez... il y a erreur... (A part.) Moi qui
voulais lui être agréable... Je n'en fais jamais
d'autres!.. un guignon!.. (Haut.) Car, enfin, je
croyais faire arrêter un voleur... Ce n'est pas ma
faute si ces messieurs vous prennent pour lui!..

D. MELCHIOR.

Et qui t'a chargé de faire la police? J'y étais
justement, là, pour saisir ce scélérat de Torribio...

LE CHEF DES ALGUAZILS.

Torribio!.. Hé, parbleu, seigneur Alcade, il
ne fallait pas vous donner tant de peine... il a été
arrêté hier à Salamanque.

* Boabdil, Melchior, le chef, Alguazils.

D. MELCHIOR.

A Salamanque!.. Est-ce que je pouvais le deviner?..

BOABDIL.

Est-ce que nous pouvions deviner?.. C'est clair!.. le seigneur Alcade ne pouvait pas le deviner... ni moi non plus... par conséquent, nous sommes tous deux innocens...

D. MELCHIOR.

Qu'est-ce que c'est?

BOABDIL.

Non... c'est que le seigneur alguazil a l'air de vous accuser... et j'étais bien aise de lui répondre...

D. MELCHIOR.

Réponds pour toi-même, pendard... et pour commencer... (On entend une fanfare.)

BOABDIL, rapidement.

Mais, seigneur Alcade, je vous respecte... je vous vénère... et la preuve que je suis innocent, c'est que... Dieu! le taureau qui est lancé, et je n'y suis pas!.. Un autre aura le prix à ma place... Courons!.. courons!..

(Il se sauve à toutes jambes.)

D. MELCHIOR, aux alguazils.

Arrêtez! arrêtez! arrêtez-le donc!..

LE CHEF DES ALGUAZILS.

Il est déjà trop loin!

D. MELCHIOR.

Imbéciles!.. *

LE CHEF DES ALGUAZILS, aux autres.

Imbéciles!.. (A D. Melchior.) Vous n'avez pas d'autres ordres à nous donner?..

D. MELCHIOR.

Allez vous coucher.

LE CHEF DES ALGUAZILS.

Très bien... (Fausse sortie; revenant à l'Alcade.) Seigneur Alcade, vous savez qu'il y a une gratification pour le service de nuit?

D. MELCHIOR, se récriant.

Une gratification! pour m'avoir arrêté!..

LE CHEF DES ALGUAZILS.

Aimez-vous mieux que nous la demandions au Corrégidor?..

D. MELCHIOR, à part.

Pour que je devienne la fable de toute la ville. (Haut.) Non, je la paierai!.. mais qu'on se taise sur cette aventure!.. je la paierai.

LE CHEF DES ALGUAZILS.

Suffit! Bonne nuit, seigneur Alcade!

(Il sort avec ses gens.)

SCÈNE VII.

D. MELCHIOR, seul.

Bonne nuit! je n'en dormirai pas de quinze jours! Oh! ce traître de toréador... je le porte sur le bout du nez... Allons retrouver ma femme! au moins, de ce côté, je n'ai que des sujets de consolation! (Il va pour rentrer chez lui.)

SCÈNE VIII.

D. MELCHIOR, PACHECHO accourant. **

PACHECHO, de loin.

Un homme qui veut crocheter notre porte...

* Melchior, le chef.
** Melchior, Pachecho.

Halte-là, coquin!.. Ah! c'est monsieur...

D. MELCHIOR, se retournant et le suivant.

Comment, drôle... tu es sorti!.. Voilà comme tu gardes la maison!..

PACHECHO.

Vous m'avez dit d'aller vous chercher à l'Hôtel-de-Ville.

D. MELCHIOR, inquiet.

A l'Hôtel-de-Ville?.. Il s'est donc passé quelque chose?..

PACHECHO, baissant la voix.

Chut!.. Un manteau brun... sur ce balcon!..

D. MELCHIOR.

Sur le balcon!..

PACHECHO.

Qui se promenait... avec un homme dedans!..

D. MELCHIOR, s'appuyant sur lui.

Ah! Pachecho!

PACHECHO, ployant.

Oh! monsieur... c'est le côté de mon rhumatisme.

D. MELCHIOR, avec fureur.

Un homme! et tu ne lui as pas sauté à la gorge!

PACHECHO.

D'en bas? Je n'avais pas le bras assez long!

D. MELCHIOR, vivement.

Après?

PACHECHO.

Une fenêtre s'est ouverte... et j'ai entendu une petite voix...

D. MELCHIOR.

Une femme? et tu crois que c'est la mienne?

PACHECHO.

Ah! dame, monsieur!..

D. MELCHIOR.

Qu'est-ce qu'elle disait?

PACHECHO, faisant une voix de femme.

Quand notre argus s'absentera pour une nuit toute entière... un pot de jasmin... sur cette fenêtre... vous comprenez... ça f'ra l'affaire!..

D. MELCHIOR, à part et passant à gauche.

Un pot de jasmin! Celui que je lui ai donné pour sa fête, peut-être!..

PACHECHO, se rapprochant.

Et puis, ensuite...

D. MELCHIOR, haut, avec colère.

Tais-toi, langue de vipère... tu l'as rêvé!.. tu n'as rien vu!.. (Le secouant avec fureur.) Mais dis-moi donc que tu n'as rien vu!..

PACHECHO, pleurant presque.

Comme vous voudrez, monsieur... mais je puis vous jurer...

D. MELCHIOR.

A la bonne heure! car enfin, mon bon Pachecho, raisonnons un peu... une jeune femme si vertueuse, si timide...

PACHECHO.

Elle est bien jolie...

D. MELCHIOR.

Qui raffole de moi...

PACHECHO.

Vous êtes bien vieux...

D. MELCHIOR.

Qui ne sort jamais!..

PACHECHO.

Si on vient la voir!..

D. MELCHIOR, criant.

Qui ça?

PACHECHO, *criant plus fort.*

Est-ce que je sais! Quand ce ne serait que son libérateur... ce jeune officier français... qui l'enleva dans ses bras, au moment où ce cheval furieux courait sur vous, et que vous avez laissé là madame... pour vous cacher dans une boutique d'apothicaire!

D. MELCHIOR.

Ce Français! ce Français!.. on ne l'a pas revu...

PACHECHO.

Vous... oui! mais elle!..

D. MELCHIOR, *avec colère.*

Je te dis que non!.. c'est impossible!.. va-t'en!

PACHECHO.

C'est dit. (*Revenant.*) Vous m'aviez promis de m'augmenter mes gages. (*A part, se retournant.*) Nous allons voir...

D. MELCHIOR.

Pour ton rapport!.. animal!

(*Il lui donne un coup de pied.*)

PACHECHO, *voulant rentrer.*

Je m'y attendais! c'est un vieux cancre!

D. MELCHIOR, *le rappelant.*

Écoute, Pachecho... pour te faire toucher au doigt la chose... entre chez ma femme, sous prétexte de prendre ses ordres... examine, dans la chambre, les petits coins, les cabinets... derrière les porte-manteaux...

PACHECHO.

Comment?..

D. MELCHIOR.

C'est pour te convaincre... car, moi, je n'en crois pas un mot...

PACHECHO.

Je le veux bien!.. Si monsieur venait avec moi.

D. MELCHIOR.

Non... je ne serais pas maître...

PACHECHO.

Hein?

MELCHIOR.

C'est-à-dire... j'ai besoin de me rasseoir un peu!.. mais je ne suis pas inquiet... Va donc, malheureux!   (*Il le pousse dans la maison.*)

SCÈNE IX.

D. MELCHIOR, puis PACHECHO.

D. MELCHIOR, *seul.*

Ah!... je n'en peux plus! j'étouffe! Je sens là comme une glace qui me court dans les veines... Miséricorde! Ce n'est pas assez des tribulations de ma charge, des escrocs, des ivrognes qui me tombent sur le dos!.. il faut qu'il me tombe encore...

PACHECHO, *sur le balcon.*

Monsieur!

D. MELCHIOR, *effrayé.*

Hein?

PACHECHO.

Il n'y a personne!

D. MELCHIOR, *triomphant.*

Ah!

PACHECHO.

Mais je vois des empreintes de pas d'homme sur le balcon!..

D. MELCHIOR, *se contenant à peine.*

Tais-toi! (*Pachecho disparaît.*) Des pas d'homme... plus de doute!.. Il y a quelqu'un qui voudrait me... et, de son côté, ma femme, peut-être, ne demanderait pas mieux que de... (*Vivement.*) Ça ne sera pas!.. Non, par St-André... il ne sera pas dit que le front d'un alcade... Et, quant au séducteur... (*D'un air de componction.*) Mon petit saint André, mon patron... est-ce qu'il n'y aurait pas moyen... là... tout doucement... (*Il fait le geste de frapper avec un stylet.*) Zin... zin... zin... hein?.. rien qu'un peu?.. Tu ne veux pas? tu ne veux pas que je m'expose, mon bon petit saint André? c'est bien!... je le ferai expédier par un autre!.. Il ne manque pas à Séville de bonnes âmes qui, pour quelques ducats... Mais où? comment? à qui?.. Avec la meilleure volonté du monde, on ne peut pas faire donner un coup de stylet sans savoir à qui!.. Eh bien!.. j'épierai, j'espionnerai... Le scélérat doit rôder pour guetter si le pot de jasmin... Un manteau brun, m'a dit Pachecho... Justement en voici un!..

SCÈNE X.

D. MELCHIOR, UN HOMME *vêtu d'un manteau brun, qui s'avance doucement.*

D. MELCHIOR.

Il paraît hésiter... il se dirige vers ma maison... c'est mon homme...   (*Il se met de côté.*)

UN HOMME* *en manteau brun s'avance en regardant la maison.*

Numéro douze!

D. MELCHIOR, *à part.*

Il sait mon numéro!..

L'HOMME, *à lui-même.*

L'alcade don Melchior...

D. MELCHIOR, *paraissant brusquement.*

Que lui voulez-vous?

L'HOMME, *tirant une lettre de dessous son manteau, où l'on voit un petit coffret en cuir.*

Une lettre...

D. MELCHIOR, *atterré,*

C'est le facteur!..

L'HOMME.

C'est douze maravédis!..

D. MELCHIOR, *piteusement et les lui donnant.*

Les voilà, mon ami...

L'HOMME.

En vous remerciant!   (*Il disparaît.*)

D. MELCHIOR, *seul.*

Je deviens idiot! Il est évident que le misérable ne se montrera pas tant que je resterai là, planté comme un piquet!.. (*Regardant machinalement la lettre qu'on lui a remise.*) Tiens... c'est de mon oncle Gil Lopès... le chanoine d'Arguello, dont je suis l'unique héritier, et qui est si malade!... (*Il décachète la lettre.*) Il m'écrit sans doute d'aller recevoir son dernier soupir... Pauvre cher oncle!... j'irai avec plaisir!...

(*Il lit bas.*)

* Melchior, le Facteur.

SCÈNE XI.

D. MELCHIOR, LÉON * dans le fond et enveloppé
d'un manteau brun.

LÉON, à part.

Deux heures à Saint-Jacques !.. et personne...
Que vois-je ?.. l'Alcade !..

D. MELCHIOR, lisant.

Quelle horreur !.. Il se porte mieux que jamais !.. Il fait ses quatre repas !..

LÉON, à part.

Elle n'aura osé sortir... rentrons vîte dans mon
observatoire... ce petit pavillon que j'ai loué en
face... et prenons garde que le mari...

D. MELCHIOR, froissant la lettre, qu'il serre dans
sa poche.

Tout à la fois !.. Dire qu'une pareille nou-
velle... m'arrive juste quand j'ai la fièvre... (Se
retournant au bruit que fait Léon, à gauche, en refermant sa porte.) Hein ?.. qu'est-ce ?.. J'ai cru
voir encore un manteau brun ?.. Non, celui-là
était bleu... ou... le fait est que j'en vois de
toutes les couleurs ! parce que je vais à tâtons !..
(Frappé d'une idée.) Je n'ai qu'un moyen !.. En
faisant jaser ma femme... en interrogeant adroi-
tement cette petite Jacinthe... Chut ! les voici
toutes deux !..

SCÈNE XII.

D. MELCHIOR, D. MARIA, JACINTHE.**

(D. Maria est vêtue en dévote élégante; Jacinthe porte un livre.)

D. MARIA, haut.

Vous avez ma fleur des saints... Jacinthe ?.

JACINTHE.

Oui, sénora !..

D. MARIA.

Suivez-moi, et ne me quittez pas. Il y a des
hommes si hardis ! (Feignant d'apercevoir seulement D. Melchior.) Ah ! c'est vous, monsei-
gneur...

D. MELCHIOR, d'un air riant.

Moi-même, ma mie; je rentrais. (A part.) Il
faut faire patte de velours ! (Haut.) Où allez-vous
donc de si bon matin ?

D. MARIA.

A Saint-Jacques... entendre le sermon du père
Malagrida !

D. MELCHIOR.

C'est inutile ! il ne prêche pas aujourd'hui ! il
est indisposé !...

D. MARIA, contrariée.

Est-il possible !..

JACINTHE, d'un ton de compassion.

Il est malade ! ce pauvre père Malagrida !.. il
aura mangé trop de massepains et de confitures...
le saint homme ! (Faisant signe à D. Maria.) Ah !
ça se trouve au mieux... notre confesseur nous
attendait !

D. MELCHIOR, à part.

Le confesseur, à présent ! (Haut.) Que pou-
vez-vous avoir à lui dire, mignonne ?.. vous, un
modèle d'innocence !...

D. MARIA, d'un air modeste.

Ah ! monsieur ! on n'est pas parfaite !

* D. Melchior, Léon.
** Jacinthe, Dona Maria, Melchior.

JACINTHE.

Certainement ! il y a toujours quelques petites choses ! Moi, qui suis la vertu même... il
faut que je me confesse tous les jours : sans cela
je ne sais plus où j'en suis !

D. MELCHIOR, les retenant encore.

C'est fâcheux !.. il ne pourra vous entendre
aujourd'hui... il est auprès d'un prisonnier...

D. MARIA.

Un prisonnier ?

D. MELCHIOR, l'observant.

Un malheureux jeune homme... que la pa-
trouille des archers a surpris, cette nuit, comme
il descendait... d'un balcon...

JACINTHE, intriguée.

D'un balcon !

D. MARIA, de même.

Cette nuit ?

D. MELCHIOR, à part.

Elle se trouble.

D. MARIA, avec intérêt.

Un jeune homme ?..

D. MELCHIOR.

Mon Dieu! oui... dans ce quartier... dans
notre rue, je crois ?..

D. MARIA, à part.

Plus de doute...

JACINTHE.

Eh bien ! monsieur ?...

D. MELCHIOR.

Eh bien !.. on l'a pris pour un voleur... Il a
voulu se défendre, et, en se débattant, il a reçu
trois coups d'épée...

D. MARIA, très émue.

O ciel !

(Ici on aperçoit Léon à gauche, qui soulève doucement sa jalousie, et fait signe à D. Maria.)

JACINTHE, bas à sa maîtresse.

Hé non ! madame ! regardez...

Air : Qu'il est flatteur d'épouser celle.

D. MELCHIOR.

Oui! je l'ai vu, sanglant et blême !

JACINTHE, bas à D. Maria.

Quel regard vif et radieux !

D. MELCHIOR.

Il touche à son heure suprême !

JACINTHE.

Voyez ! comme il paraît heureux !

D. MELCHIOR.

Le docteur jure sur son âme
Qu'il n'ira pas jusqu'à demain !

JACINTHE.

J'aurais bon espoir, si madame
Voulait être son médecin.

D. MARIA, avec joie.

Ah ! c'est bien lui !

D. MELCHIOR, vivement.

Vous paraissez émue, madame ?...

D. MARIA, se remettant.

Oui... d'abord... la compassion... mais, après
tout, un malfaiteur...

JACINTHE, appuyant.

C'est bien fait... il n'a que ce qu'il mérite...
Ne le lâchez pas...

D. MELCHIOR.

Hein ?...

JACINTHE.

Si vous le tenez... d'autant que je l'ai vu, moi !

D. MELCHIOR.

Toi, Jacinthe ?

JACINTHE.

C'est lui qui m'a réveillée... Un homme affreux... une figure atroce... la tête enveloppée d'un manteau...

D. MELCHIOR, inquiet.

Hein ?

JACINTHE.

Un mauvais sujet... un libertin... qui a été arrêté chez une petite couturière !.. Monsieur doit savoir...

D. MELCHIOR, troublé, et parlant presqu'en même temps qu'elle.

Oui... non... c'est-à-dire... taisez-vous !... ce n'est pas celui-là !... je sais... je sais... (A part.) que je ne saurai rien... (Frappé.) Oh ! cette lettre de mon oncle... Oui... en feignant de m'éloigner... Je n'ai que ce moyen...

D. MARIA, remarquant son agitation.

Vous semblez mécontent.

D. MELCHIOR.

Je le suis, en effet, mignonne... Le chagrin de vous quitter...

JACINTHE et D. MARIA.

De nous quitter ?..

D. MELCHIOR.

Je suis obligé de partir à l'instant même.

D. MARIA.

A l'instant...

D. MELCHIOR, tirant la lettre de sa poche.

Oui, mon pauvre oncle Gil Lopès qui m'écrit qu'il est au plus mal... et j'ai commandé des mules chez le voisin Pédrille...

D. MARIA.

Quoi ! sur-le-champ...

JACINTHE, à part.

Quel bonheur !.. (Haut.) Ah ! monsieur, qu'allons-nous devenir pendant votre absence...

D. MELCHIOR, avec intention.

Vous prierez Dieu pour moi... pour qu'il ne m'arrive aucun accident.

JACINTHE, feignant de pleurer.

Oh ! pour cela... fiez-vous à nous !.. Surtout, monsieur, prenez garde à ces maudites mules... elles sont si sournoises.

D. MARIA.

Oh ! oui, soignez-vous bien.

D. MELCHIOR, embrassant sa femme qui sourit en regardant la jalousie de Léon.

Oui !.. Adieu, ma mie, ne pleurez pas trop... et cette nuit enfermez-vous bien.

TOUS TROIS, à part.

Air : Rentrons sans bruit. (TROIS QUENOUILLES.)

D. MELCHIOR.	LES DEUX FEMMES.
Observons bien,	Observons bien,
Ne disons rien...	Ne disons rien...
De tout savoir,	De le revoir,
J'ai bon espoir.	J'ai bon espoir.
Car, dans ces lieux,	Oui, dans ces lieux,
Loin de leurs yeux,	Loin de ses yeux,
L'amant viendra,	L'amour viendra,
Je serai là !..	Il viendra là !..

(Elles rentrent, la porte se referme.)

SCÈNE XIII.

D. MELCHIOR, seul.

A merveille !.. ce voyage supposé lui permet de donner le signal !.. je fais un crochet... je rentre secrètement par la petite porte du jardin, et le premier manteau brun qui ose pénétrer...

(Il va pour sortir.)

SCÈNE XIV.

D. MELCHIOR, TORÉADORS, ALGUAZILS, puis BOABDIL escorté par le Peuple.

LE CHEF DES ALGUAZILS, criant et l'arrêtant.

Seigneur Alcade ! seigneur Alcade !..

D. MELCHIOR, voulant sortir.

Au diable !..

LE CHEF DES ALGUAZILS.

Le vainqueur du combat de taureaux que nous vous amenons.

D. MELCHIOR.

Je n'ai pas le temps.

LE CHEF DES ALGUAZILS.

Pour que vous le conduisiez au palais du gouverneur... D. MELCHIOR.

Ça ne me regarde pas !.

LE CHEF DES ALGUAZILS.

Si fait ; il vous a choisi pour son parrain !..

D. MELCHIOR.

La ! encore un retard qui peut compromettre..

TOUS, le bousculant et le faisant passer à gauche.

Place !.. Place !.. Le voilà !..

CHŒUR.

Air : Fragment de Beethoven.

Gloire au vainqueur !
Célébrons de son bras l'adresse et la vigueur ;
Gloire au vainqueur !
Oui, des toréadors c'est le chef et l'honneur !
Que notre hommage en ces lieux l'environne,
Et, sur son front, que l'Alcade en personne,
Dépose la couronne...
Gloire au vainqueur, etc.

(Boabdil paraît de l'autre côté, enveloppé d'un riche manteau rouge. Deux pages de la ville portent sur des coussins, l'un une couronne, l'autre une bourse pleine de piastres.)

BOABDIL, à part, au fond.

C'est une attention de ma part de l'avoir choisi pour parrain, ça le flattera... nous allons être comme deux cœurs !

D. MELCHIOR, à lui-même.

J'aurai plutôt fait de m'en débarrasser !.. Quand cette vile populace se met quelque chose en tête... (Haut.) Nobles Andaloux... (Regardant au balcon de sa maison.) Je ne vois pas de jasmin... Je commence à croire que ce butor de Pachecho... (Haut.) Nobles Andaloux... que le vainqueur approche.

BOABDIL, s'approchant.

Voilà un moment agréable pour moi ? sans compter le pot de jasmin que Jacinthe n'oubliera pas, j'espère !..

D. MELCHIOR, sans le voir d'abord, et avec emphase.

C'est avec une joie indicible... (L'envisageant et d'une voix étouffée.) Comment, coquin... c'est toi !

BOABDIL.

Moi-même, mon Alcade !

D. MELCHIOR.

Qui m'as choisi... pour ton parrain...

BOABDIL, à mi-voix.

Je vous devais bien cela pour vous faire oublier
les petits désagrémens...

D. MELCHIOR, bas et avec colère.

Infâme mécréant !

BOABDIL, bas.

Ne vous crispez pas, mon magistrat ! un malentendu... je vous expliquerai... je passerai chez
vous après la cérémonie...

D. MELCHIOR, furieux.

Avise-t'en, scélérat ! Si jamais tu te présentes
chez moi... je te traiterai d'une manière !..

BOABDIL.

Il me suffit d'un mot !

D. MELCHIOR, à part.

Ne m'approche pas ! Et dire que je suis obligé
de l'embrasser, de le complimenter... (Haut).
Viens dans mes bras, jeune héros...

BOABDIL.

A la bonne heure !

D. MELCHIOR, pendant qu'il l'embrasse.

Que la peste t'étouffe !

BOABDIL, de même.

Que le ciel vous le rende, digne Alcade !

TOUS.

Vivat !

LE CHEF DES ALGUAZILS, faisant faire cercle.

Silence pour la harangue...

D. MELCHIOR, à Boabdil.

Illustre rejeton du sang des Maures... (Bas)
Double payen, va... (Haut.) Permets que je dépose sur ton front... (En levant le nez, il aperçoit
le jasmin qui paraît à la fenêtre.) Un pot de fleurs !

TOUS, étonnés.

Un pot de fleurs !

D. MELCHIOR, s'embrouillant et regardant toujours.

Non... la couronne... Toute la ville voit en
toi... un jasmin d'Espagne...

TOUS.

Un jasmin d'Espagne !..

D. MELCHIOR.

Ah ! traîtresse !.. digne héritier... et il est double, encore !.. Je suffoque.

TOUS.

Qu'est-ce qu'il a donc ?

BOABDIL.

Il patauge !

D. MELCHIOR, prenant la couronne qu'il enfonce
sur la tête de Boabdil.

C'est cet infernal moricaud qui me porte malheur !..

FINAL.

Air : Ah ! la bonne affaire. (Lac des Fées.)

ENSEMBLE.

BOABDIL ET LE CHOEUR,	LÉON,
Ah ! quelle éloquence,	Ah ! quelle espérance
Quel talent il a !	Me sourit déjà !..
L'Alcade, je pense,	Mon bonheur commence,
Radote déjà !	Je sais qu'elle est là !
C'est vraiment dommage !	Et sa douce image,
Mais nul de nos jours,	Signal des beaux jours,
Ne ferait, je gage,	Bientôt me présage
Un si beau discours !	De tendres amours.

D. MELCHIOR,
(Regardant toujours le jasmin.)

Ah ! cette insolence
M'enflamme déjà !
Bientôt ma vengeance
Le découvrira !..
Celui qui m'outrage,
paira de ses jours,
Si j'ai du courage,
Ses folles amours.

D. MARIA ET JACINTHE,
(Sur le balcon.)

Ah ! douce espérance,
C'est lui... le voilà...
Sa seule présence
M'enivre déjà !
Oui, sa tendre image,
Signal des beaux jours,
Ici me présage
Fidèles amours.

D. MELCHIOR, à part, apercevant D. Maria.

Et ma femme qui vient redoubler ma fureur !...

LÉON, avançant la tête et apercevant le jasmin.

Ciel ! qu'ai-je vu !

BOABDIL, se retournant en le voyant aussi.

Le jasmin !

TOUS DEUX, à part.

O bonheur !

D. MELCHIOR.

Je sens des mouvemens de rage !

LÉON, regardant D. Maria.

Elle sourit ! ah ! je comprends !

BOABDIL, regardant Jacinthe.

Elle me fait signe... j'entends !

D. MARIA, à D. Melchior.

Adieu, monsieur !

JACINTHE, de même.

Un bon voyage !

LÉON ET BOABDIL, à part.

Il part !

D. MELCHIOR, à part.

Oh ! je le connaîtrai !

TOUS TROIS.

Cette nuit !..

D. MELCHIOR.

J'y serai !

LÉON.

J'y serai !

BOABDIL.

J'y serai !

ENSEMBLE.

BOABDIL ET LÉON.	CHOEUR.
Ah ! quelle espérance	Gloire à sa vaillance !
Me sourit déjà,	Qu'un joyeux hourra,
Mon bonheur commence	Célèbre d'avance
A cet aspect-là !..	Ce triomphe-là !..
Oui, sa douce image,	Qu'il soit le présage
Signal des beaux jours,	Des plus heureux jours !
Ici me présage	Au noble courage,
De tendres amours.	De tendres amours !

D. MARIA ET JACINTHE.	D. MELCHIOR.
Ah ! douce espérance, etc.	Ah ! cette insolence, etc.

(On élève Boabdil sur une espèce de pavois, soutenu par des lances
de Toréadors et orné de petits drapeaux rouges, comme ceux
qu'on jette aux taureaux. On entraîne l'Alcade pour précéder le
triomphe. Les amans échangent des signes d'intelligence. Pachecho
paraît à sa lucarne ; il aperçoit le pot de jasmin et fait des
signes muets et vifs à l'Alcade, comme pour lui dire : LA !
VOYEZ-VOUS !.. L'AI-JE RÊVÉ ? auxquels celui-ci répond en se débattant et de la même manière : TAIS-TOI ! PAS UN MOT ! SUR TA TÊTE !)

CHOEUR GÉNÉRAL, promenant Boabdil.

Sus... faites largesses !
Hourra ! hourra ! hourra !
Bourgeois et duchesses,
Hourra ! hourra ! hourra !
Chantons les prouesses
Du vainqueur que voilà.

(Les dames aux fenêtres agitent leurs mouchoirs et jettent des
fleurs à Boabdil. La toile tombe.)

FIN DU PREMIER ACTE.

ACTE II.

Le théâtre représente le salon de l'Alcade. Porte au fond ; deux fenêtres dans les angles, avec de grandes draperies en tapisseries. Celle de droite a un balcon extérieur. A droite, sur l'avant-scène, la chambre de D. Maria. A gauche, une grande cheminée gothique, et sur l'avant-scène, la porte du cabinet de l'Alcade. Meubles, tables, etc.

SCÈNE I.

(Au lever du rideau, il entr'ouve la porte du fond et s'avance avec précaution. Il est enveloppé de son manteau.)

LÉON seul.

Personne ! c'est l'heure de la sieste ! tout Séville dort comme une marmotte... le mari est parti... et me voilà près d'elle...(S'arrêtant avec embarras.) Mais je ne connais pas la maison... où est sa chambre ?.. dire que demain il faudra m'éloigner !.. mon régiment qui part au point du jour !.. et pour surcroît d'embarras... le gouverneur qui s'absente secrètement, et qui me charge de le remplacer !.. j'ai mes poches pleines d'ordres en blanc, d'instructions aux autorités espagnoles !.. au diable, tout ce fatras !.. que je voie d'abord ma belle... (Écoutant de côté.) On a marché de ce côté... si ce n'était pas elle ! prenons garde...

(Il se cache sous la draperie de la fenêtre à gauche.)

SCÈNE II.

LÉON, caché ; D. MELCHIOR entr'ouvrant la porte de son cabinet et avançant à pas de loup.)

D. MELCHIOR, à mi-voix et regardant.

Personne encore !.. à merveille ! je suis rentré par la porte de Valence...

LÉON, à part.

C'est le mari !

D. MELCHIOR.

Impossible qu'on soupçonne mon retour... et si le pot de jasmin a produit son effet !..

LÉON, à part.

C'était un piége ! ô ruse infernale !

D. MELCHIOR, écoutant.

J'entends des pas sous ce balcon !.. on escalade le mur... je vais donc enfin connaître l'infâme... Chut ! ne l'effrayons pas... laissons-le arriver.   (Il rentre dans le cabinet.)

SCÈNE III.

LES MÊMES, cachés ; BOABDIL, arrivant sur le balcon à droite, qu'il vient d'escalader.

BOABDIL, passant sa tête.

Air de Mme Malibran.

C'est ma belle
Qui m'appelle,
Et près d'elle,
Lorsqu'enfin, dans son logis,
Je pénètre,
Sa fenêtre
Me semble être
La porte du paradis.

Léon, Melchior.

Ah ! je tremble,
Me dit-elle, on peut venir !
Seuls ensemble !
D'effroi je me sens mourir !
Non, ma chère !
Ne crains pas de t'exposer !
Pour me taire
Je n'exige qu'un baiser !
Ma bergère
N'ose refuser.
La pauvre petite
Qui d'abord palpite,
S'attendrit bien vite,
Et la peur s'en va !
Ha ! ha !
Elle est loin déjà !
Ha ! ha !
Et l'amour est là !
Ha !

LÉON, à part, le voyant s'avancer.

Le Toréador ! qu'est-ce que cela signifie ?

BOABDIL, à lui-même.

Sa chambre doit être par là ! (Regardant la porte à gauche.) Elle a laissé la porte ouverte. Elle pense à tout !.. chère amie, elle va me sauter au cou...

D. MELCHIOR, le saisissant au collet.

Halte-là, mon gentilhomme !

BOABDIL, le reconnaissant.

L'Alcade !..

D. MELCHIOR, pétrifié.

Encore lui !

BOABDIL.

D'où diable sort-il !

D. MELCHIOR.

Quand je croyais saisir... Mais tu es donc né pour ma damnation ! tu ne pouvais pas t'arranger pour venir au monde dans un autre temps !.. Que viens-tu faire chez moi ?..

BOABDIL.

Chez vous ?

D. MELCHIOR.

Oui, chez moi !.. quand tu ouvriras de grands yeux ! tu es chez moi.

BOABDIL, avec audace,

Parbleu !.. je le sais bien... puisque c'est par votre ordre que j'y suis venu.

D. MELCHIOR.

Par mon ordre ?..

BOABDIL.

Certainement... ne m'avez-vous pas dit ce matin, au milieu de la cérémonie, en me frappant sur l'épaule : « Mon bon ami Boabdil, si tu voulais prendre la peine de passer chez moi... je te parlerais d'une affaire... »

D. MELCHIOR, exaspéré.

Je t'ai dit : je te traiterai d'une manière !

BOABDIL.

J'ai entendu : « d'une affaire !.. »

D. MELCHIOR.

D'une manière !..

BOABDIL.

D'une affaire !.. Et cela me paraissait d'autant plus simple que vous absentant, vous avez besoin de quelqu'un de confiance pour veiller sur la maison !..

D. MELCHIOR.

C'est pour cela que tu arrives par la fenêtre ?..

BOABDIL.

Par la fenêtre ? (A part.) Diable d'homme ! il faut l'inquiéter !.. bilieux et boursouflé... il doit être jaloux et poltron...

D. MELCHIOR.

Eh bien ?

BOABDIL, baissant la voix et d'un air de mystère.

Chut ! il l'a bien fallu, venir par la fenêtre... la porte était occupée.

D. MELCHIOR.

La porte ?

BOABDIL.

Oui... un jeune homme...

D. MELCHIOR.

Un jeune homme !..

BOABDIL.

Joli garçon, ma foi !... autant que j'ai pu l'entrevoir à travers son manteau.

D. MELCHIOR, vivement.

Un manteau brun !..

BOABDIL, appuyant.

Oui... brun ! (A part.) Autant cette couleur-là qu'une autre !

LÉON, à part.

Est-ce qu'il m'aurait vu ?

BOABDIL, haut.

Il frappait du pied...

MELCHIOR.

Avec fureur ?

BOABDIL.

Oh !.. et jetait de ce côté... des regards...

D. MELCHIOR.

Enflammés ?

BOABDIL.

Pout !.. des tisons !..

D. MELCHIOR, à lui-même.

C'est lui... c'est mon homme !..

BOABDIL.

C'est clair !.. Je me suis dit : l'Alcade a une jolie femme... il serait possible !..

D. MELCHIOR.

Hein ?

BOABDIL.

Dame ! nous sommes tous mortels !..

D. MELCHIOR, le regardant et s'adoucissant.

Ecoute, Boabdil !.. il se peut que je t'aie mal jugé ! Au fait, tu as de la candeur dans la physionomie... par momens...

BOABDIL, à part.

Il y a mordu !

D. MELCHIOR.

Tu m'as joué des tours infâmes !..

BOABDIL.

Par excès de zèle ! par enthousiasme pour votre personne ! car je donnerais dix doigts de ma main pour vous prouver ma tendresse et vous faire oublier le saut de carpe, les coups de canne et autres éclaboussures...

D. MELCHIOR, avec confiance.

Je te crois, mon garçon !.. et pour reconnaître l'avis que tu viens de me donner...

(Il lui met une bourse dans la main.)

BOABDIL, la prenant et la pesant dans sa main.

Une bourse d'or ! oh ! non...

D. MELCHIOR.

Je le veux !

BOABDIL, la mettant dans sa poche, au moment où D. Melchior avance la main pour la reprendre.

C'est donc pour avoir quelque chose de vous...

D. MELCHIOR.

Et si tu me sers fidèlement je t'en donnerai !.. (Soupirant.) Car il est trop vrai, mon pauvre Boabdil... j'ai des chagrins domestiques... j'ai des peines de cœur !

BOABDIL, avec un geste de colère.

Oh ! les gredines de femmes !

D. MELCHIOR.

Je suis menacé, mon cher... par ce scélérat de manteau brun.

BOABDIL.

Un manteau brun...

D. MELCHIOR.

Tu l'as vu !...

BOABDIL.

Celui que j'ai vu... (A part.) Oh ! bien, alors !..

D. MELCHIOR.

Je voudrais le connaître... puisqu'il est là, montre-le moi, sans avoir l'air...

BOABDIL *, s'avançant près de la fenêtre à droite.

C'est facile... (A part.) Si je sais ce que je vais lui montrer... (Haut.) N'avancez pas trop... Tenez, regardez... là... dans la petite rue de Burgos... voyez-vous l'ombre oblique... sur l'angle...

D. MELCHIOR.

Oui... c'est-à-dire, non... je ne distingue pas... mais ça doit être ça... Infâme séducteur !... Boabdil, je n'y tiens plus... je vais tourner par la rue de Tolède... j'arrive droit sur lui... pendant qu'il regarde de ce côté... et, dans ma juste fureur...

BOABDIL, se mettant en garde.

Une, deux, là !..

D. MELCHIOR.

Non... je le fais arrêter !

BOABDIL.

Cela dépend des goûts.

D. MELCHIOR.

Toi, reste ici... et s'il osait s'introduire !...

ENSEMBLE, à mi-voix.

Air : Je m'en vais. (Mlle Clairon.)

BOABDIL.

Oui partez...

MELCHIOR.

Et sans bruit.

BOABDIL.

Le destin...

MELCHIOR.

Me conduit !

ENSEMBLE, à part.

Jacinthe pourra m'entendre,
Je vais soudain le surprendre.

BOABDIL.

Doucement,

D. MELCHIOR.

Prudemment,

* Melchior, Boabdil, Léon.

BOABDIL.

Saisissez...

D. MELCHIOR.

L'insolent.

TOUS DEUX.

Il ne saurait se défendre !...

Partez , partez,
partons , partons,   parlons plus bas,

Et que l'amour guide $\genfrac{}{}{0pt}{}{\text{vos}}{\text{mes}}$ pas.

(L'Alcade sort avec mystère par le fond.)

SCÈNE IV.

LES MÊMES, excepté D. MELCHIOR.

LÉON à part, le suivant des yeux.

Il l'éloigne ! admirable ! ces gens-là ont un instinct pour servir les amoureux...

BOABDIL, revenant sur le devant de la scène.

Pauvre cher homme ! Je ne cherchais qu'une excuse... je tombe justement sur un manteau brun qui n'a jamais existé, et...

LÉON , le nez enfoncé dans son manteau et frappant sur l'épaule.

Silence !

BOABDIL, surpris.

Hein ?... Qu'est-ce que je vois là !...

LÉON, bas.

Je suis content... voilà pour toi...

BOABDIL, stupéfait.

Une bourse d'or... il en pleut donc ! Et un manteau brun... j'ai fait de la prose sans le savoir ! Je vois ce que c'est... un grand seigneur... Madame l'alcade... (Haut.) Excellence...

LÉON, toujours caché. *

Ne cherche pas à me connaître !

BOABDIL, avec un geste de discrétion.

Bien !.. bien !.. bien !

LÉON, de même.

Monte sur ce balcon...

BOABDIL.

Pour vous avertir si l'ennemi reparaît ! suffit ! (A part.) Quelle aventure ! deux bourses... un commencement de dot... (S'arrêtant.) Mais un moment... ne nous enferrons pas... celle du manteau brun, c'est bien ! service rendu, affaire soldée. (Il la met dans sa poche.) Mais l'Alcade ! Je n'ai qu'une parole... Voici l'occasion de lui prouver mon dévoûment... je vais lui faire signe d'accourir. (Il monte sur le balcon et regarde du côté de la rue.)

SCÈNE V.

LÉON, BOABDIL, sur le balcon, puis JACIN-THE, sortant de l'appartement de D. Maria.

LÉON.

Pas une minute à perdre ! (Voyant Jacinthe qui en sort.) Ah ! Jacinthe !...

JACINTHE.**

Ciel ! comment, monsieur, vous étiez là !...

LÉON.

Depuis une heure ! et juge de mon supplice... le mari est revenu... c'était un piége.

* Boabdil, Léon.
** Boabdil, Léon. Jacinthe.

JACINTHE.

A qui le dites-vous? nous l'avons vu se glisser par la petite porte du jardin... ma maîtresse, dans sa frayeur, s'est enfermée dans son appartement.

LÉON.

Il faut que je lui parle...

JACINTHE.

Impossible... elle a mis le verrou... et moi-même je ne puis entrer...

LÉON, avec désordre.

Il faut que je lui parle, te dis-je... ici, chez moi, aux mascarades de ce soir... où elle voudra... mais il faut que je la voie... mon régiment part demain à la pointe du jour !..

JACINTHE.

Ah ! mon Dieu ! comment faire ?..

BOABDIL , sur le balcon et comme s'il appelait quelqu'un.

Brrr... Brrr...

JACINTHE, effrayée.

Qu'est-ce donc ?

LÉON.

Un homme à moi... qui fait sentinelle... n'aie pas peur... JACINTHE.

Eh bien !... écrivez-lui un mot... bien touchant... bien pressant...

LÉON, prenant ses tablettes et écrivant à la hâte.

Tu as raison.

JACINTHE.

Je tâcherai de le glisser par la serrure... deux lignes seulement...

LÉON, écrivant.

Oui... l'amour... le délire...

JACINTHE.

Je succombe... j'expire !.. les phrases d'usage... Justement, madame, à tout hazard, a fait faire un costume pareil à celui dont Boabdil m'a fait cadeau... il pourrait nous donner moyen... Avez-vous fini ?

BOABDIL, faisant signe à l'Alcade.

Montez donc... venez vite, vous le trouverez aux pieds de votre femme... (Il se retourne comme pour la montrer.) Jacinthe !.. Belzébut !... Astaroth !...

LÉON, qui a déchiré et ployé un feuillet. *

Tiens ! prends vite !...

BOABDIL, entr'eux et prenant le papier.

Confisqué !... par mesure de police !

LÉON.

Malheureux !

JACINTHE.

Boabdil ! c'était lui...

BOABDIL.

Oui, serpent ! Jacinthe double et sans foi !

JACINTHE.

Tais-toi donc !

LÉON.

Veux-tu te taire !

BOABDIL, furieux.

Du tout ! Et quant à vous, mon beau seigneur, qui vous boutonnez jusqu'aux yeux, je saurai qui vous êtes... je verrai au moins le bout de votre nez !...

LÉON, se tournant sur lui, l'enveloppe par-dessus la tête de son manteau , à mesure qu'il s'en débarrasse lui-même.

Tu ne verras rien !

* Jacinthe, Boabdil, Léon.

BOABDIL, la tête enveloppée.
Oh ! aye !... à moi !
JACINTHE, à Léon.
On monte l'escalier !
LÉON, bas.
Où fuir !
JACINTHE, lui indiquant la gauche.
Eh ! vite !... le cabinet de l'Alcade... la petite porte du jardin !
LÉON.
Adieu ! (Il se précipite par la porte à gauche, tandis que Jacinthe rentre chez D. Maria.)

SCÈNE VI.

BOABDIL, D. MELCHIOR, DEUX ALGUAZILS.

BOABDIL *, se débattant toujours dans le manteau.
Oh !.. ah !.. casse-cou !
D. MELCHIOR, apercevant Boabdil.
Mon manteau brun ! (Le saisissant.) Ah ! coquin...
BOABDIL, le saisissant aussi.
Séducteur !
D. MELCHIOR, le secouant.
Je te tiens...
BOABDIL, de même.
Moi aussi !   (Le manteau tombe.)
BOABDIL, le reconnaissant.
L'Alcade !
D. MELCHIOR.
Encore cette face de pain d'épices !
BOABDIL, criant.
Ne le laissez pas fuir...
D. MELCHIOR.
Qui ?
BOABDIL, courant çà et là.
Notre homme.
D. MELCHIOR, furieux.
Où est-il ?
BOABDIL, de même.
Oui... où est-il ? l'infâme lui baisait la main !
D. MELCHIOR.
A ma femme !
BOABDIL.
Non... c'est-à-dire...
D. MELCHIOR.
Par où s'est-il échappé ?
BOABDIL.
Hé ! parbleu, par la fenêtre !... Vous êtes une heure à monter l'escalier !... pendant qu'il se déroulait sur moi comme un serpent...
D. MELCHIOR, d'un air défiant.
Hum ! M. Boabdil, vous êtes gangrené jusqu'à la moëlle des os !
BOABDIL.
Je vous jure...
D. MELCHIOR.
Vous étiez d'intelligence !... vous avez pris sa place pour le faire évader ; on en trouvera les preuves... (Aux alguazils.) Qu'on le fouille !
BOABDIL.
Me fouiller !.. moi !.. un honnête homme !..
D. MELCHIOR.
Il doit avoir quelque bourse d'or pour séduire mes gens. (A part.) Je ne serai pas fâché de la reprendre...

L'ALGUAZIL *, fouillant Boabdil et prenant les deux bourses.
Il y en a deux !
D. MELCHIOR, les prenant.
Deux !
BOABDIL.
Permettez ?... celle-ci !
D. MELCHIOR.
Du tout !... Je suis bien aise de les confronter... ce sont des pièces de conviction !
BOABDIL.
Oh ! la justice ! elle ne donne jamais rien sans reprendre le double !...
L'ALGUAZIL prenant le billet qu'il trouve dans la poche.
Ah !... et un billet...
D. MELCHIOR, à lui-même.
Un billet ! une lettre d'amour, qu'il s'était chargé de remettre !
BOABDIL.
Vous ne voulez pas comprendre !
D. MELCHIOR.
Tais-toi... agent de corruption ! Dieux, si nous avions encore de ces jolis petits auto-da-fé, que [illegible] regrette tant !.. mais tu n'y perdras [illegible] tournant avec sang-froid vers les alguazi[illegible] êtes témoins que le drôle s'est introdu[illegible] moi par la fenêtre !... en prison !
BOABDIL.
En prison !
D. MELCHIOR**, à ses gens.
Dans la petite salle d'en bas... qui me sert de geôle... je l'interrogerai plus tard !
BOABDIL, le suppliant.
Un moment !... (A demi-voix.) Laissez-moi vous expliquer...
D. MELCHIOR, bas.
Eh bien ! nomme-moi ton complice !
BOABDIL, hors de lui.
Qui ?...
D. MELCHIOR.
Le manteau brun ?
BOABDIL.
Connais pas !
D. MELCHIOR, haut.
Qu'on l'entraîne !

AIR : Oui, je veux d'une telle offense. (SUZANNE.)

Oui, marchez... de son insolence
Je veux enfin tirer vengeance !
Et qu'on apprenne avec terreur,
Comment je traite un imposteur !
Point de pitié ! guerre et vengeance
Contre tous ces larrons d'honneur !
BOABDIL.
Vous perdez, par votre imprudence,
Le seul moyen d'avoir vengeance !...
Ecoutez-moi... c'est une erreur...
Je pouvais sauver votre honneur !
Mais, c'en est fait, votre imprudence
Met le comble à notre malheur !
LES ALGUAZILS, l'entraînant.
Oui, marchons... de son insolence,
Il faut enfin tirer vengeance !
Il faut dans l'intérêt des mœurs,
Faire un exemple des voleurs ;
Point de pitié ! point de clémence !
Guerre, guerre à tous les voleurs...
(Ils l'emmènent par le fond.)

SCÈNE VII.

D. MELCHIOR ; puis D. MARIA et LÉON.

D. MELCHIOR, à ses gens.

Oui... j'irai l'interroger... (A lui-même.) Il faudra bien qu'il réponde à mes questions... et à la question extraordinaire... que je lui ferai administrer... (Regardant le manteau qui est resté à terre et le ramassant avec fureur.) Ah ! ce manteau... il est encore bon... beau drap, ça peut servir... Et dire que je ne connaîtrai pas l'homme qui était dedans !... (Il le ploie et le met sur un siége.) Ah ! ce billet, saisi sur Boabdil.

(Il l'ouvre.)

D. MARIA *, paraissant de côté.

Une lettre, m'a dit Jacinthe ! (Voyant son mari.) J'arrive trop tard, elle est entre ses mains...

D. MELCHIOR, regardant la lettre.

Une écriture inconnue... et pas de signature !

D. MARIA, à part.

Dieu soit loué !...

D. MELCHIOR.

Mais le contenu me fera peut-être [illegible]er !

D. MARIA, à part.

O ciel !

D. MELCHIOR, lisant.

« Je n'existe plus... je meurs !... » (A lui-même, en haussant les épaules.) Je meurs !.. Mon Dieu, qu'ils crèvent tous et que ça finisse ! (Continuant.) «Ame de ma vie !» (Se moquant.) Ame de ma vie ! (Continuant.) « Demain... je m'éloigne... peut-être pour toujours ! » (A lui-même.) Eh bien ! va-t'en ! (Continuant.) « Mais avant ce fatal départ... et en dépit du jaloux qui t'obsède... » (A lui-même.) Il la tutoie ! (Continuant.) «Un dernier regard d'amour, un dernier moment de bonheur. »

D. MARIA, à part.

Il s'éloigne ! ô mon Dieu !..

D. MELCHIOR.

Je n'en suis pas plus avancé... j'ai beau retourner cette lettre !..

D. MARIA, à part, et voulant rentrer chez elle.

Heureusement qu'il s'est échappé.

LÉON, entr'ouvrant la porte à gauche.

Impossible de sortir... la porte du jardin est fermée !

D. MARIA, l'apercevant, et avec un cri.

Ah !.. encore lui ! (A ce cri, Léon referme la porte, et D. Melchior se retourne du côté de sa femme.)

D. MELCHIOR.

Qu'est-ce ? quoi?.. Comment... c'est vous, sénora !

D. MARIA, troublée.

Oui... j'arrivais... et j'étais si loin... de vous croire... de retour... qu'en vous voyant... la surprise !.. la joie... Mais comment êtes-vous donc revenu si vite ?..

D. MELCHIOR, à part.

Ah ! diable !

D. MARIA.

Est-ce qu'il vous serait arrivé quelque accident?... est-ce que les mules du voisin Pédrille ?...

D. MELCHIOR, frappé d'une idée.

Non... non... du tout ! (A part.) Que lui dire ?..

(Haut.) C'est un événement... (A part) Si elle se doute que je voulais l'espionner !..

D. MARIA.

Eh bien?

D. MELCHIOR.

Ah !.. c'est que j'ai été arrêté...

D. MARIA.

Par des voleurs !... ah ! ciel !

D. MELCHIOR, avec embarras.

Non pas... j'ai été arrêté par un courrier du gouverneur français...

D. MARIA.

Un courrier ?..

LÉON, à part, entr'ouvrant la porte, qu'il referme doucement.

Du gouverneur ! écoutons !...

D. MELCHIOR, à part.

Bonne idée !.. (Haut.) Oui, pour les fêtes de ce soir... les mascarades... il paraît qu'ils ont besoin d'un homme de tête... Mon confrère Carrasco étant malade... on m'a envoyé une estafette... Il faut mettre sur pied les hallebardiers, régler la file des voitures, surveiller les cabarets, recevoir les coups de poings... je veux dire les plaintes : voilà pourquoi je suis revenu, (A part.) Que c'est heureux d'avoir de l'imagination !

D. MARIA, à part.

Comme il ment pour un alcade ! (Haut.) Ainsi... vous n'avez pas vu votre oncle ?

D. MELCHIOR.

Mon Dieu ! non... ce pauvre oncle... Mais le devoir... d'autant que, d'un moment à l'autre, je puis recevoir l'ordre officiel...

LÉON, s'échappant doucement par la gauche, et remontant vers le fond.

Tu ne l'attendras pas long-temps !

(Il disparaît un moment.)

D. MELCHIOR.

C'est un malheur que je bénis... puisqu'e..

LÉON, feignant d'arriver par le fond.

Holà !.. comment ! personne pour m'annoncer !..

D. MELCHIOR.

Eh bien ! ces imbéciles qui laissent monter !

D. MARIA, à part.

Léon !

⁕⁕⁕⁕⁕⁕⁕⁕⁕⁕⁕⁕⁕⁕⁕⁕⁕⁕⁕⁕⁕⁕⁕⁕⁕⁕⁕⁕⁕⁕⁕⁕⁕

SCÈNE VIII.

LES MÊMES, LÉON,* en uniforme.

LÉON.

Mille pardons !

D. MELCHIOR.

Un Français !..

LÉON, à part, en faisant signe à D. Maria.

Je le forcerai bien à me céder la place ! (Haut.) Le seigneur de la Muscada ?...

D. MELCHIOR, avec humeur.

C'est moi, monsieur... mais on n'entre pas ainsi...

LÉON, sans l'écouter.

Enchanté... Il y avait long-temps que je désirais faire votre connaissance... Léon de Bracy, colonel, aide-de-camp du maréchal-gouverneur...

D. MELCHIOR, plus poli.

Du maréchal ?...

LÉON, regardant D. Maria.

Votre nièce? votre fille, cher Alcade? Je vous en fais mon compliment...

D. MELCHIOR.

Non, seigneur... c'est ma femme !.. (Bas à D. Maria.) Baissez donc votre voile. (A Léon.) C'est ma femme.

LÉON.

Votre femme... encore mieux... (A mi-voix et familièrement.) Tudieu, compère!.. hai ! hai !.. voilà des yeux...

D. MELCHIOR, l'interrompant.

Puis-je savoir... (Bas à sa femme.) Baissez donc votre voile!.. (Haut.) ce qui me procure l'avantage...

LÉON.

Je ne vous l'ai pas dit? Hé! parbleu! cet ordre du gouverneur...   (Il tire un papier de sa poche.)

D. MELCHIOR, intrigué.

Un ordre?

D. MARIA, bas.

Celui que vous attendiez, sans doute?

D. MELCHIOR, souriant.

Oh! non... pour celui-là... je suis tranquille. (A D. Maria.) Baissez donc votre voile... (Il baisse lui-même le voile, prend l'ordre et lit:) « L'alcade don Carrasco étant malade... (A part.) Tiens, c'est drôle!.. il est donc malade réellement! (Continuant.) Il est enjoint au seigneur de la Muscada... de maintenir l'ordre pendant les fêtes de ce soir... (S'interrompant.) Voilà qui est particulier... (Continuant.) Il fera mettre sur pied le corps des hallebardiers, réglera la file des voitures, surveillera les... » (Confondu.) Par exemple!.. les bras me tombent!.. Moi qui avais inventé!..

(Pendant ce temps Léon a tourné et se trouve près de D. Maria, qui a retiré son voile. *

D. MARIA, à son mari.

C'est bien cela ; mot à mot ce que vous me disiez...

D. MELCHIOR, bas.

Taisez-vous donc!   (Il relit l'ordre.)

D. MARIA.

Mais, qui est-ce qui l'étonne !

LÉON, bas à D. Maria.

C'était un conte... Je n'ai eu qu'à écrire sous sa dictée... (A lui-même.) Les blancs-seings que j'avais sur moi!..

D. MARIA, bas.

Est-il possible !..

D. MELCHIOR, à lui-même.

Mais j'ai déjà vu cette écriture... Quand le gouverneur aurait été là pour m'écouter...

(En regardant à gauche il ne voit plus Léon et court de son côté.)

LÉON, feignant de regarder par la fenêtre à droite.

Une vue superbe ! la basilique fait un effet !

D. MELCHIOR, le ramenant.

Oui, oui... donnez-vous donc la peine de vous asseoir... seigneur Français...

D. MARIA, avançant un fauteuil.

Donnez-vous donc la peine...

D. MELCHIOR**, bas.

De quoi vous mêlez-vous? (Il avance lui-même le fauteuil.) Je suis bien aise de m'expliquer...

D. MARIA, bas à Léon.

A tout prix je vous verrai !.. bon espoir !

D. MELCHIOR, entr'eux.

Hein ?..

D. MARIA, voyant son mari, et d'un air prude.

Pardon, seigneur... nous ne sommes pas habituées à supporter ainsi les regards des étrangers !...   (Elle baisse son voile.)

D. MELCHIOR, à part.

Il est bien temps de baisser son voile ! (L'entraînant pendant qu'elle fait la révérence.) Hé !.. allez donc, madame !..   (Elle rentre chez elle.)

SCÈNE IX.

D. MELCHIOR, LÉON *.

LÉON, à part.

Vivat ! elle est à moi !..

D. MELCHIOR, à part.

Oh ! il y a quelque chose... Cette écriture et celle de ce billet...

LÉON.

Allons, seigneur de la Muscada... partons-nous? c'est prêt... Le maréchal me le disait encore tout-à-l'heure, en me dictant ces instructions...

D. MELCHIOR, regardant l'ordre.

En vous dictant... Comment, c'est vous qui avez écrit?...

LÉON, de même.

Oui... son secrétaire n'était pas là.

D. MELCHIOR, à part, et regardant alternativement la lettre et l'ordre.

Juste ciel! c'est lui...

LÉON, continuant, d'un air dégagé.

Le seigneur de la Muscada, disait-il...

D. MELCHIOR, à part, et se mettant à trembler de tous ses membres.

Voilà le tremblement qui me saisit !...

LÉON, continuant.

C'est une tête sur laquelle on peut placer... toute sa confiance... et... (Remarquant son trouble.) Hé ! mais... qu'avez-vous donc à trembler ainsi?.. Cette pâleur...

D. MELCHIOR, balbutiant.

Je ne sais... un vertige... une révolution !.. Ne me touchez pas !

LÉON, le soutenant et l'asseyant sur une chaise, à droite.

Ah ! mon Dieu !.. Le pauvre homme... c'est sérieux ! (Lui frappant dans la main.) Allons, allons, allons.

(Il va à la cheminée à gauche chercher un flacon.)

D. MELCHIOR, à part.

Je le connais enfin ! Dire qu'il est là... près de moi ! et que si j'osais...

LÉON, se retournant et apportant le flacon.)

Est-ce que ça vous reprend ?

D. MELCHIOR.

Non... Je n'ai besoin de rien. (Léon retourne à la cheminée.) Eh. bien ! non... je n'ose pas !... d'autant que le lâche est capable de se défendre !.. (Le regardant.) J'ai un plaisir féroce à l'envisager !.. Quelle figure désagréable !.. Il me faudrait un bras sûr... un poignet de fer !.. Ah ! Boabdil !.. Oui, voilà le seul homme !.. et en ne lui promettant sa liberté qu'à ce prix !..

LÉON, le regardant de loin.

Je vois que cela va mieux... les couleurs reviennent...

D. MELCHIOR, d'un air riant.

Oui... je me sens tout autre... et je crois qu'avec un doigt d'Alicante... (Appelant.) Pachecho!.. (A Léon.) Il faut que nous trinquions ensemble... un allié !..

LÉON.

Volontiers... (A part, gaîment.) Au fait, je ne vois pas pourquoi je lui refuserais le plaisir de goûter aussi son vin !

D. MELCHIOR, à part.

Ça me donnera le temps !.. il ne sortira d'ici que pour... (Lui serrant la main.) Ce cher ami !.. (Appelant.) Pachecho !

SCÈNE X.

LES MÊMES, PACHECHO.

PACHECHO.

Monsieur...

D. MELCHIOR.

Des biscuits... du Malaga... de l'A....te... (A Léon.) Vous permettez que j'écrive un mot... quelques ordres...

LÉON, souriant.

Comment donc! faites comme chez vous !.. J'admire vos tableaux.

D. MELCHIOR, à droite, écrivant et répétant à voix basse ce qu'il écrit.

« Boabdil, mon digne ami !.. si tu veux regagner ma confiance, les deux bourses que je te garde, dix autres que je te promets... (A lui-même.) Que d'argent on dépense pour les femmes ! (Écrivant.) et ta liberté... tu n'as qu'à t'embusquer, à l'instant, dans la petite ruelle d'Alcala, qui est toujours déserte... et donner, de ma part, trois coups de stylet au colonel de Bracy qui va y passer... »

LÉON, regardant un tableau au fond, à gauche.

C'est un Ribeira, n'est-ce pas?

D. MELCHIOR, souriant.

Oui... un galant attaqué par des spadassins... c'est très gentil... (Écrivant.) « Tu ne peux te tromper... deux épaulettes... une cicatrice au front! Adieu... que saint André te fasse la grâce de revenir au bien... et de ne pas le manquer !..

(Il ferme et cachète sa lettre.)

LÉON, voyant le plateau apporté par Pachecho.

C'est une véritable collation !..

D. MELCHIOR.

Goûtez toujours ce Malaga... (A part.) Si on avait pu prévoir... on aurait jeté dans le flacon... quelque... on ne peut pas penser à tout... n'importe !.. (A Léon, s'en rapprochant.) Je suis à vous dans la minute... (Appelant.) Pachecho !..*

PACHECHO.

Seigneur...

D. MELCHIOR, bas.

Si je ne double pas tes gages de cette fois-ci... c'est que tu ne le voudras pas...

PACHECHO, bas.

Ce n'est jamais moi qui refuse...

MELCHIOR, bas.

Pas de remercîmens ! Écoute bien !.. Boabdil

est en bas... tu vas lui porter ce petit mot... s'il jure d'obéir... tu le mets en liberté...

PACHECHO.

J'y cours !

D. MELCHIOR, le retenant.

S'il accepte... qu'il m'avertisse, par un coup frappé dans la main, qu'il est à son poste... Va vite !   (Il le pousse par les épaules.)

SCÈNE XI.

D. MELCHIOR, LÉON.*

D. MELCHIOR, à part.

Maintenant... il ne s'agit que de gagner du temps, jusqu'au signal. (A Léon.) Eh bien! comment le trouvez-vous ?   (Il s'assied.)

LÉON, buvant.

Délicieux, d'honneur! il me rappelle celui de l'archevêque de Tolède...

D. MELCHIOR, gaîment et se versant un verre.

C'est du pareil... mon cousin, qui est son sommeiller... me fait ma provision en même temps...

LÉON, riant.

Ah! mon gaillard !.. c'est un pays charmant que le vôtre !..

D. MELCHIOR, buvant.

N'est-ce pas?.. un beau ciel...

LÉON, le regardant.

De bonnes gens...

D. MELCHIOR, avec intention.

Et les femmes? fripon !..

LÉON, s'animant.

Oh! les femmes !

D. MELCHIOR, le poussant d'un air grivois.

Allons donc !

LÉON, buvant encore.

Je conviens qu'il est impossible de voir, sans émotion, ces tailles souples et hardies... ces petits pieds... ces grands yeux noirs...

D. MELCHIOR, s'agitant et part.

Je n'entends rien... Ce Boabdil est d'une lenteur...   LÉON.

Mais je ne m'y joue pas... Peste! vous avez ici une manière de plaisanter... (Montrant le tableau.) Et ce tableau...

D. MELCHIOR, d'un air bonhomme.

Ça !.. Ah ! mon Dieu... on s'en fait un monstre ! ça ce donne, ça se reçoit... de la main à la main... Vous devez le savoir.

LÉON.

Non, ma foi... jamais ! C'est d'autant plus étonnant que sur le champ de bataille.,. je suis d'un malheur !.. S'il y a quelque chose à attraper... c'est toujours pour moi! mais je ne serais pas fâché d'y joindre quelque souvenir galant !.. et de pouvoir dire à Paris, en montrant mes blessures,

AIR : Dans c'pays de miracles. (BRODEQUINS DE LISE.)

Ce coup de baïonnette,
C'est la croix que voilà...
J'eus la double épaulette
Pour ce coup de feu-là...
C'était une victoire ;
Mais ici, près du cœur...
Oui... là, c'était d'honneur,
Bien mieux que de la gloire..,
Car c'était du bonheur.

Oui, vraiment... la plus jolie brune !.. D'abord, un coup de poignard, ça vous tient quitte envers le jaloux... C'est beaucoup pour un honnête homme !.. Et puis, on brode l'histoire... une scène de nuit... un brutal qui avait aposté un misérable... dans une rue écartée... (On entend dans la rue comme un coup frappé dans la main,) Hein ?

D. MELCHIOR, à part, se levant.
Il y est ! je respire !

LÉON, se levant aussi.
Qu'est-ce donc ?

D. MELCHIOR, s'efforçant de sourire.
Oh ! quelque signal... pour un rendez-vous galant.

LÉON, se levant.
Ah ! l'heureux mortel ! que ne suis-je à sa place !

D. MELCHIOR, lui présentant son verre et se levant.
Oui ?.. A vos souhaits, cher ami ! Je crois qu'il est temps de partir !

LÉON, prenant son chapeau.
C'est juste... passez devant.

MELCHIOR, effrayé.
Moi !.. Du tout !.. (A part.) Cet imbécile n'aurait qu'à se tromper ! (Haut et avec embarras.) Un officier supérieur ! Ah ! mon Dieu... j'y pense à présent...

LÉON.
Quoi donc ?

D. MELCHIOR, passant à gauche.
J'ai oublié de prendre mes insignes... ma baguette... Allez toujours, je vous rejoins.

LÉON.
Je vais vous attendre.

D. MELCHIOR.
Non ! non !.. c'est l'affaire d'une minute. Prenez par la ruelle d'Alcala, ça abrége beaucoup.

LÉON.
La ruelle d'Alcala ?

D. MELCHIOR, lui montrant par la fenêtre.
Oui... là... en tournant... ça mène droit chez le Corrégidor !.. D'ailleurs, je vous rattraperai !.. Adieu... adieu, cher ami, portez-vous bien !

LÉON.
Soit ! puisque vous le voulez !
                    (Il sort en chantonnant.)
On ne saurait trop embellir
Le court espace de la vie !   (Il disparaît.)

SCÈNE XII.

D. MELCHIOR, puis JACINTHE.

D. MELCHIOR, seul d'abord.
Il chante, l'infortuné !.. et il court de lui même... ça me donne presque des remords !.. pourvu qu'il n'aille pas prendre une autre rue !.. (se levant sur la pointe des pieds et regardant par la fenêtre à gauche.) Non !.. à gauche... l'y voilà... il est dedans !.. je ne respire plus !.. je voudrais le suivre des yeux...

JACINTHE, habillée en Péruvienne, costume de bal, un loup de velours noir à la main, et parlant à la porte à droite. Oui, vous dis-je, c'est le seul moyen : mettez vite l'autre costume, s'il me permet de sortir, vous prendrez ma place... et...

(elle se retourne et apperçoit D. Melchior qui regarde toujours par la fenêtre). C'est lui !..

D. MELCHIOR.
Je le vois encore... non... je ne le vois plus..

JACINTHE, faignant de pleurer et refermant la porte.
Eh ! bien... je m'en irai plutôt... là !..

D. MELCHIOR, se retournant avec effroi.
Qu'est-ce que c'est ?.. (Se rassurant). Jacinthe !. dans quel équipage.

JACINTHE, parlant toujours à la porte à droite.
Mais avant de m'en aller... je dirai tout à M. l'Alcade...

D. MELCHIOR, à part.
Elle me dira tout !.. (Haut et d'un air câlin). Qu'est-ce qu'il y a ?.. qu'est-ce qu'il y a ?.. ma petite Jacinthe.

JACINTHE, pleurant.
Madame qui ne veut pas que j'aille à cette fête !. je vous demande... avec un costume tout neuf... que je me suis fait faire exprès !..

D. MELCHIOR.
Ah !.. ce serait dommage... il te sied à ravir.

JACINTHE.
N'est-ce pas ?

D. MELCHIOR, patelinant.
Eh bien ! moi, je te permettrai d'y aller... si tu es bien gentille... si tu me dis tout ce que tu te proposais de m'avouer, là... tout-à-l'heure ?.. j'ai entendu...

JACINTHE.
Ah ! vous avez entendu ?..

D. MELCHIOR, la pressant.
C'est relatif à l'aventure de cette nuit, n'est-ce pas ?.. ce jeune homme... sur le balcon.

JACINTHE, baissant les yeux.
Oui Monsieur !..

D. MELCHIOR.
Il y est venu ?

JACINTHE.
Oui, monsieur.

D. MELCHIOR.
Et ma femme ?

JACINTHE.
Oh !.. elle dormait bien tranquillement... et comme elle a découvert ce matin, qu'il venait toujours ainsi quand je plaçais un pot de jasmin.. sur la fenêtre.

D. MELCHIOR, avec joie.
Le pot de jasmin ?.. comment !.. c'était toi ?

JACINTHE.
Là... voila que vous jetez les hauts cris comme Madame...

D. MELCHIOR.
Ma femme ! elle a jeté les hauts cris ?

JACINTHE.
Pardi !.. elle qui est si sévère !..

D. MELCHIOR, agité.
Il serait posible !.. voyons, voyons, Jacinthe, n'embrouillons pas les affaire... tu dis donc que le jasmin... non, non ! je veux dire l'amoureux... c'est un amoureux... à toi ?.. bien à toi ?..

JACINTHE.
Un petit officier français... si gentil !.. une connaissance du magasin... qui m'a promis de me faire un sort, quand il serait général...

D. MELCHIOR.
Pourquoi te cacher ?

JACINTHE.

A cause d'un autre amoureux... un brutal...
qui est toujours à nous guetter.

D. MELCHIOR.

Un autre... combien en as-tu donc?

JACINTHE.

Deux!.. comme à Paris! le strict nécessaire!..
et jugez de mon désespoir... son régiment part
demain... il me l'a écrit... une lettre si tendre...
que j'ai perdue.

D. MELCHIOR.

Une lettre!..

JACINTHE.

Mais je la sais par cœur... (A part). Madame
m'a dit tout ce qu'il y avait... (Haut). Je n'existe
plus!.. je meurs...

D. MELCHIOR, regardant la lettre à la dérobée.

C'est cela!..

JACINTHE.

Ame de ma vie!..

D. MELCHIOR, avec transport.

Ame de ma vie!.. Plus de doute!

JACINTHE.

Et s'il ne me voit pas à la fête, il croira que
je l'ai oublié... que je le trahis...

D. MELCHIOR, hors de lui.

Non... tu iras... tu y danseras... moi aussi...
que je t'embrasse Jacinthe.

JACINTHE, pendant qu'il l'embrasse.

Voilà le plus rude, par exemple!

D. MELCHIOR.

Et lui aussi.... s'il était là.... pauvre jeune
homme... moi qui le soupçonnais... j'ai un poids
de cent mille livres de moins... (Il pousse un cri,
en se frappant le front). Ah! bon Dieu!..

JACINTHE, effrayée.

Qu'est-ce donc?

D. MELCHIOR.

L'ordre que j'ai donné... il n'est plus temps,
peut-être.

JACINTHE.

Est-ce qu'il devient fou!

D. MELCHIOR.

L'infortuné!.. il faut envoyer...

SCÈNE XIII.

LES MÊMES, PACHECHO, accourant effaré.

PACHECHO.

Monsieur!..

D. MELCHIOR.

Tais-toi... malheureux!.. Je sais ce que tu vas
m'apprendre!.. (Tombant accablé sur un fauteuil.)
C'en est donc fait!... ce misérable Boabdil...

PACHECHO.

Je ne l'ai pas trouvé.

D. MELCHIOR.

Comment?

PACHECHO.

Il n'était plus dans sa prison...

JACINTHE, à part.

Boabdil!..

D. MELCHIOR, respirant.

Je renais!..

PACHECHO.

La porte était fermée... verrouillée... Il faut
qu'il soit passé par la serrure!..

D. MELCHIOR.

Mais ce signal... ce coup frappé dans la main.

PACHECHO.

Dans la main!.. (Montrant sa joue enflée.) Vous
ne voyez donc pas ma joue?.. C'est le barbier
d'en face, que vous avez mis deux fois à l'amende...
qui s'en est pris à moi!.. Ah!.. (A Jacinthe, qui
rit.) J'en ai bien reçu dans ma vie... mais jamais
de...

D. MELCHIOR, sans l'écouter.

Ah! que c'est heureux.

PACHECHO.

Comment, c'est heureux!..

D. MELCHIOR.

Rends-moi ma lettre.

PACHECHO.

Votre lettre?.. je ne l'ai plus!

D. MELCHIOR.

Tu ne l'as plus?..

PACHECHO.

Pardi!.. c'te bêtise!.. c'était pressé... j'en ai
chargé un commissionnaire...

D. MELCHIOR, lui sautant à la gorge.

Que le ciel te confonde!..

PACHECHO, secoué par lui.

Mais soyez donc tranquille... il va visiter tous
les cabarets, toutes les tavernes, pour le trouver!.. D. MELCHIOR, furieux.

Il y a de quoi perdre la tête!.. Je ne puis
m'en rapporter qu'à moi... Il faut que j'entoure
ce jeune homme! s'il arrivait un malheur! Un
aide-de-camp du maréchal!.. (Il prend le manteau.)
Et la fête... mon service!.. Je ne rentrerai pas
de la nuit... ferme tout!.. (A part.) Si je veux revenir à l'improviste... j'ai ma clé de jardin...
(Haut.) Que personne ne sorte...

JACINTHE.

Eh bien!.. et moi, monsieur!.. votre promesse?.. D. MELCHIOR.

Ah! c'est juste!... (A Pachecho.) Dis au por-
tier de laisser sortir Jacinthe... Tu la vois bien...
dans ce costume!.. Elle seule!.. Ou plutôt,
viens... que je lui parle devant toi, car tu me fe-
rais encore quelque sottise!

PACHECO.

N'ayez donc pas peur!.. il ne faut que de l'intelligence.

D. MELCHIOR, le poussant devant lui.

Hé! tâche donc d'en avoir, animal.

(Ils sortent.)

JACINTHE, seule.

Je n'y comprends rien!... Mais nous sommes
sauvés... L'ordre est donné, et dès que ma maîtresse sera prête... elle pourra sortir à ma place...
Courons achever sa toilette.

SCÈNE XIV.

JACINTHE, BOABDIL,** tombant de la cheminée et roulant au milieu de la chambre.

BOABDIL.

Gare là-dessous!

JACINTHE, faisant un cri.

Ah! qu'est-ce que c'est que ça?

(Elle veut se sauver.)

* Jacinthe, Melchior, Pachecho.
** Jacinthe, Boabdil.

BOABDIL, faisant la culbute.

Calez-moi ! calez-moi !

JACINTHE.

Boabdil !

BOABDIL.

C'est toi !..

JACINTHE.

Eh ! d'où viens-tu ?

BOABDIL.

De la prison.

JACINTHE.

Tu t'es sauvé ?

BOABDIL.

Par la cheminée... il n'y avait pas de fenêtre... (Faisant signe de s'élancer.) Un polisson de ruban de queue !.. Et puis, un embranchement... des routes qui se croisaient... et pas un reverbère pour m'indiquer mon chemin !.. Ma foi, je donne une tête à l'aveuglette... je roule, je dégringole... et me voilà...

JACINTHE.

Ce pauvre Boabdil !.. ça me fait bien plaisir de te voir !.. Va-t'en vite !

BOABDIL, l'arrêtant.

Doucement, princesse !.. Nous avons une fusée à débrouiller ensemble !..

JACINTHE.

Je suis pressée...

BOABDIL.

Moi aussi !.. Qu'est-ce que c'est que ce manteau brun de tantôt ?..

JACINTHE.

Tu le sauras...

BOABDIL.

Quelque seigneur... parfumé d'ambre, farci de de pistoles ?   JACINTHE.

Du tout !

BOABDIL.

Qui voulait vous séduire !

JACINTHE.

Ah ! l'horreur !..

BOABDIL.

Et cette lettre... félonne ! cette lettre que j'ai saisie au passage !

JACINTHE.

Si ce n'était pas pour moi !

BOABDIL.

Pas pour vous ?

JACINTHE

Non... loup garou !... Je ne devrais rien vous dire... mais vous seriez capable de croire !.. (Baissant la voix.) Eh bien, oui... il y a un mystère... qui ne me regarde pas... que tu ne dois pas chercher à pénétrer.

BOABDIL.

Pourquoi ?

JACINTHE.

Parce que notre fortune en dépend... qu'une indiscrétion peut tout perdre... (Le câlinant.) Mais si tu es bien sage... bien gentil... je te réserve une surprise !..

BOABDIL, souriant.

Une surprise ?

JACINTHE, à part.

Au fait... qu'est-ce que je risque ?.. Pendant que ma maîtresse sera à la fête...

BOABDIL.

Eh bien !

JACINTHE, montrant son costume.

D'abord, tu ne vois pas que je me suis parée... de ton cadeau.

BOABDIL, avec joie.

En effet... ce costume...

JACINTHE.

Preuve que je t'attendais...

BOABDIL.

Pour aller à la fête...

JACINTHE, souriant.

Mieux que ça...

BOABDIL.

Comment ?

JACINTHE.

Tu vas monter au troisième... un petit corridor... dans ma chambre...

BOABDIL, souriant.

Dans ta chambre...

JACINTHE.

Il y a un petit souper préparé... un perdreau rouge... une compote d'ananas...

BOABDIL.

Ah ! ah !.. tu me séduis...

JACINTHE, souriant davantage.

Tu m'attendras...

BOABDIL.

Et puis ?

JACINTHE.

J'irai te rejoindre.

BOABDIL.

Et puis ?

JACINTHE.

Nous souperons tête à tête.

BOABDIL.

Et puis ?..

JACINTHE, d'un air de pudeur.

Monsieur , qu'est-ce que c'est que ces idées-là ?..   BOABDIL.

Dam !.. ça s'est vu.

JACINTHE, tendrement.

Eh bien ! crois-tu encore que je te trompe ?

DUO.

Air des Muletiers. (De Masini.)

TOUS DEUX, alternativement.

Des yeux si doux...
Ah ! loin de nous,
Soupçons jaloux...
Ah !.. ah !... ah !.. ah !..

(Il lui prend la main.)

ENSEMBLE.

Trouble extrême !
Toi que j'aime,
Je sens dans mon cœur,
Naître le bonheur !
Et d'avance,
Ta présence,
Me rend à jamais,
Le calme et la paix.
Ah ! ah !
Trouble extrême !
Toi que j'aime,
Ah ! ah !
Ta main sur mon cœur,
C'est le vrai bonheur.
Là... là... là... là...

BOABDIL.

Non, non, plus de jalousie !..

JACINTHE.

Non, non, plus de jalousie !

BOABDIL.

Amour pour toute la vie.

JACINTHE.

Amour pour toute la vie.

BOABDIL.

Toujours soumis et discret.

JACINTHE.

Toujours soumis et discret.

BOABDIL.

Jamais de soupçon secret.

(Voulant l'embrasser.

Ce baiser te le promet...

JACINTHE.

Un baiser !...

BOABDIL, la pressant.

Hein !

JACINTHE, se défendant.

Non... Ah ! ah !   (Il l'embrasse.)

ENSEMBLE.

Trouble extrême,
Toi que j'aime, etc.

(Il l'embrasse encore).

JACINTHE, à part.

Dieux !.. et ma pauvre maîtresse que j'oublie... Va vite là-haut... et surtout ne te montre pas... il faut qu'il n'y ait personne ici !..

(Elle rentre chez sa maîtresse.)

SCÈNE XVI.

BOABDIL, seul d'abord ; puis D. MELCHIOR.

Personne ici !.. On attend donc quelqu'un !.. Allons, encore mes idées biscornues qui me reprennent !.. C'est unique ! quand elle est là... je vois tout couleur de rose... et dès qu'elle n'y est plus... il y a une foule de papillons noirs et de manteaux bruns qui dansent autour de moi ! (En remontant pour sortir, il regarde par la fenêtre à gauche.) Des manteaux bruns !.. Hé mais, en voilà un qui se glisse dans l'ombre... le long du mur du jardin... Celui de tantôt sans doute... il ouvre la petite porte... il en avait la clé !.. Ah ! perfide !.. c'est pour elle !.. (Imitant sa voix.) « Il faut qu'il n'y ait personne ici... » Voilà pourquoi elle m'envoyait là-haut ! (De même) « Un perdreau rouge... Une compotte d'ananas !.. » Je t'en prépare une compotte, moi !.. Je veux me donner le plaisir de l'étrangler aux yeux de l'infidèle. (Il va à la porte de gauche comme pour l'attendre.) Le voilà, je l'entends...

D. MELCHIOR, dans la coulisse.

Aye !.. diable de chaise !.. Pachecho !.. de la lumière !..

BOABDIL.

Dieux ! l'Alcade... s'il me voit !.. je suis perdu...
(Il lui ferme la porte au nez et donne un tour de clé..)

D. MELCHIOR, en dehors.

Qui est-ce qui ferme donc cette porte... Pachecho.   PACHECHO, au dehors.
Voilà !..

BOABDIL, qui allait se sauver par le fond.

Et on accourt de ce côté ! cerné !.. Vite !
(Il se blottit sous la table, dont le tapis le cache.)

D. MELCHIOR, en dehors.

Pachecho !..

SCÈNE XVII.

LES MÊMES, PACHECHO. *

PACHECHO, passant sa tête au fond.

Qui est-ce qui appelle ?

D. MELCHIOR, en dehors et frappant.

Par saint Jacques !.. Pachecho !.. si tu ne m'ouvres à l'instant !

PACHECHO.

Comment ! c'est monsieur qui revient par là maintenant !.. (Ouvrant la porte.) Vous avez donc oublié quelque chose ?..

D. MELCHIOR, lui donnant un soufflet.

Tiens... drôle !.. voilà ce que j'ai oublié !..

PACHECHO, criant à tue-tête.

Ah ! c'est intolérable !.. voilà le second d'aujourd'hui... et du même côté...

D. MELCHIOR, jetant son manteau brun de côté.

Ça t'apprendra !..

PACHECHO, frappant du pied.

Mais ce n'est pas moi, ce n'est pas moi... ce n'est pas moi !

JACINTHE, paraissant à la porte. Bas à D. Maria, qui est habillée.

Prenez garde !

D. MARIA, refermant la porte sur elle.

Mon mari !..

D. MELCHIOR à Pachecho.

Et qui donc ?

PACHECHO.

Cet endiablé de toréador ! j'ai reconnu sa voix !

D. MELCHIOR.

Boabdil !.. où est-il ?..

BOABDIL, à part, sous la table.

Pas bien loin !.. à quatre pattes.

JACINTHE, d'un air ingénu.

Boabdil !.. Mais du tout... Pachecho ne sait ce qu'il dit... Je n'ai pas bougé d'ici... je ne l'ai pas vu.   PACHECHO, s'arrachant les cheveux.

Comment !.. Oh !..

BOABDIL, à part.

Comme elle ment !.. Ça fait frémir !

D. MELCHIOR, regardant Pachecho de travers.

Pachecho !.. ça finira mal !..

PACHECHO.

Monsieur !.. coupez-moi en quatre...

D. MELCHIOR.

Finissons !.. (A Jacinthe.) Tu n'es pas encore partie, Jacinthe ?

BOABDIL, ** sous la table.

Partie !.. elle devait s'en aller... Encore une trahison !..

D. MELCHIOR, bas à Jacinthe.

Ça se trouve bien... C'est pour toi que j'ai changé d'idée, ma belle, et c'est avec moi que tu viendras à la fête...

BOABDIL, sous la table.

Avec lui !.. à la fête !..

JACINTHE, regardant à droite.

Ah ! mon Dieu !.. Et madame !..

D. MELCHIOR, à part.

Au fait... j'étais un grand benêt... je crois bonnement tout ce qu'elle me dit... Je suis bien aise de la voir près de ce jeune homme, et de m'assurer que c'est bien d'elle qu'il est amoureux !.. (Allant vers la chambre de sa femme.) Mais, avant tout... que je dise adieu à ma femme !..

* Boabdil, Pachecho, Melchior.
** Boabdil, Jacinthe, Melchior, Pachecho.

JACINTHE, * l'arrêtant.

Monsieur !.. monsieur !.. on n'entre pas... Madame est couchée...

D. MELCHIOR, parlant à la porte.

Tu es couchée, ma bonne ?

D. MARIA, en dedans.

Oui !.. une migraine affreuse !.. Laissez-moi dormir, mon ami !..

D. MELCHIOR.

Une migraine !.. Pauvre petite ! (Revenant vers Pachecho.) Si tu allais chercher le médecin...

PACHECHO.

Pour une migraine ?..

D. MELCHIOR.

Oui... Au fait... il ne faut que du repos !... (Pendant ce mouvement, D. Maria, habillée, comme Jacinthe, en Péruvienne, sort doucement, le masque à la main, et veut s'échapper par le fond ; mais, D. Melchior revenant, elle n'a que le temps de se blottir derrière la tapisserie.) Et, pour en être plus sûr... (Il va fermer la porte à double tour et met la clé dans sa poche.) Comme cela... je serai tranquille. Bonne nuit, ma chatte !.. (Revenant à Pachecho.) Toi... des lumières... tu vas t'installer là... devant cette porte... et, si tu laisses entrer ou sortir qui que ce soit...

PACHECHO, d'un air exaspéré.

Je vous permets de me piler dans un mortier !..

D. MELCHIOR, offrant son bras à Jacinthe.

Toi, ma petite Jacinthe... prends mon bras... et allons voir ton amoureux !..

BOABDIL, sous la table.

Son amoureux !...

FINAL.

Air : A mon cœur ce projet plaît. (MARQUIS EN GAGE.)

D. MELCHIOR.

Partons, puisque l'on est,
Prêt.

BOABDIL, à part.

Je serai près de toi,
Moi !..

Melchior, Boabdil, Jacinthe, Pachecho.

D. MELCHIOR, à Pachecho.

Songe à t'enfermer bien !

PACHECHO.

Bien.

D. MELCHIOR.

Ne laisse passer rien.

PACHECHO.

Rien.

D. MELCHIOR.

Si ce maudit larron...

PACHECHO.

Bon !

D. MELCHIOR.

Pénétrait doucement...

PACHECHO, faisant signe de donner des coups.

Pan !

D. MELCHIOR.

Pour lui, point de pardon !

PACHECHO.

Non !

D. MELCHIOR.

Et s'il tente un effort...

PACHECHO.

Mort !..

TOUS ENSEMBLE.

C'est l'heure du plaisir ;
Allons, il faut courir...
Car la nuit va s'enfuir ;
Hâtons-nous de saisir,
Le plaisir qui va fuir.

(Pendant cet ensemble, Boabdil tire la robe de Jacinthe, et la menace du doigt. Celle-ci, toute effrayée, lui fait signe de ne pas se montrer. — Au moment où Pachecho gagne la table avec ses deux bougies, D. Maria, pour favoriser sa fuite, souffle celle de son côté, et Jacinthe, en passant au bras de l'Alcade, souffle l'autre. Boabdil, en même temps, accroche en se sauvant Pachecho, le renverse. D. Maria s'est échappée par le fond ; Jacinthe est sortie par la gauche avec D. Melchior ; Boabdil s'élance vers la fenêtre de gauche.)

PACHECHO, à terre.

Oh ! quel coup de vent !.. Je vais fermer la fenêtre !

BOABDIL, vers la fenêtre.

Il est temps !.. (Il disparaît. La toile tombe.)

FIN DU SECOND ACTE.

ACTE III

Le théâtre représente une promenade publique de Séville. Au fond, la ville et une allée d'arbres. A gauche du spectateur, plusieurs boutiques et cabarets. A droite, l'hôtellerie du *Maure de Grenade* avec une tente au premier, sur une petite terrasse.

SCÈNE I.

Plusieurs TORÉADORS sur la terrasse qui boivent, d'autres qui arrivent et entrent dans le cabaret.

CHOEUR, dans la coulisse.

Air Viva, viva Puccinella.

Versez ! versez !.. et du meilleur !
Buvons, buvons à sa valeur !
Vivat ! vivat ! cent fois honneur
A Boabdil, au roi vainqueur.

(On entend le choc des verres.)

TOUS.

A la santé du roi maure !

(Ils disparaissent et rentrent dans l'intérieur du cabaret. En ce moment, D. Maria, en Péruvienne et masquée, paraît à gauche, comme si elle fuyait quelqu'un.)

D. MARIA, ôtant son masque.

Ah ! que j'ai eu peur !.. ce soldat qui me suivait ! qui voulait absolument m'embrasser !.. Heureusement, j'ai prononcé le nom de Léon de Bracy... et ce nom chéri m'a sauvée encore une fois !.. Mais lui, mon Dieu, où est-il ?.. Je me suis perdue vingt fois... au milieu de la foule et des masques qui encombrent les rues... cette promenade ordinairement si fréquentée... Heureusement, personne encore !.. Et il n'aura pas l'esprit de deviner... que j'y suis... toute seule... que je l'attends... Qui vient là ?

(Elle remet son masque et se tient de côté, à gauche.)

SCÈNE II.

DONA MARIA, de côté. BOABDIL, entrant par la droite.

BOABDIL, sans voir D. Maria.

Je suis en nage ! Deux fois le tour de Séville... sans pouvoir la rejoindre !.. (Il se retourne et aperçoit D. Maria.) Ah !.. la voilà ! elle s'est débarrassée de l'Alcade !

D. MARIA, à part et voulant s'esquiver.

Qu'est-ce qu'il a donc à me regarder ainsi !

BOABDIL, l'arrêtant et l'amenant sur le devant de la scène.

Doucement, ma reine !.. Je vous tiens cette fois !.. et vous allez m'expliquer... (Mouvement.) Oh ! vous ne m'échapperez pas... Colombe à double face ! c'est donc ainsi que vous me trompiez ?   D. MARIA, à part.

Il me prend pour Jacinthe !

BOABDIL.

Ce souper, ce perdreau rouge ! c'était un conte, ne le niez pas... j'étais sous la table... j'ai tout entendu ! Et quel est cet amoureux que vous alliez chercher ? L'homme au manteau, sans doute ? c'est pour lui que vous vous êtes parée ainsi... (Avec un geste de fureur.) Je ne sais qui me tient que je ne vous arrache ce masque... qui couvre un visage plus trompeur !.. Mais parlez, parlez donc... dites quelque chose pour vous justifier ?..

D. MARIA, à part.

Je me soutiens à peine...

BOABDIL, s'adoucissant, et avec amour.

Jacinthe... je t'en conjure... justifie-toi ! (Avec une rage concentrée.) Tu vois que je suis calme... Ah ! c'est qu'un rival... tu ne sais pas qu'un rival ! Si je te voyais lui sourire... si je te voyais à son bras !.. Mais je n'ai point de rival, n'est-ce pas ? (D. Maria fait signe que non.) Dis-le donc ? Pourquoi ce silence ? ces regards ? tu as donc peur d'être surprise ? (D. Maria fait signe que oui.) Par qui ?.. (Avec fureur.) Répondez...* (Il lève le bras. D. Maria fait un mouvement en avant.) Non, j'ai tort ! Eh bien, dis-moi que ce rendez-vous était un prétexte... que tu m'aimes toujours ? que c'est moi que tu cherchais ? Eh bien ! oui ? n'est-ce pas ? cher amour ?.. A la bonne heure... c'est tout ce que je veux... je suis content... (L'admirant.) Car ce costume... C'est comme un fait exprès, ça vous donne des idées !.. Jamais je ne t'ai vu une taille si légère... (Il lui prend la taille.)

D. MARIA, à part.

Ah ! mon Dieu !

BOABDIL.

Un bras plus rondelet...

D. MARIA.

Eh ! mais...

BOABDIL.

Des épaules plus blanches !

(Il l'embrasse sur le col.)

D. MARIA, à part.

Ça devient effrayant...

BOABDIL, lui prenant la main pour la baiser.

Et cette main, cette bonne petite menotte... Que vois-je ?.. (Avec rage.) Un diamant ! une bague... que je ne vous connaissais pas ! C'est de

* D. Maria, Boabdil.

lui ? c'est de lui ?.. je le vois à votre trouble ! Vous l'attendez ?.. par où doit-il venir ? (Suivant ses regards.) Par là... (Portant la main à son sein.) Malheur à lui !

CLAMPINOS, à droite.

Me voilà !.. me voilà !..

BOABDIL, s'élançant du côté de la voix.

Ah ! ma rage...

D. MARIA, s'esquivant du côté opposé.

Sauvons-nous !

(Elle disparaît derrière une boutique.

SCÈNE III.

BOABDIL, CLAMPINOS, ivre.

BOABDIL, le saisissant par le bras.

Misérable !.. (Le reconnaissant.) Cet ivrogne de Clampinos !

CLAMPINOS, tombant presque sur lui.

Là ! Je tombe sur lui du premier coup !.. v'là trente-six heures que je te cherche dans tous les cabarets...   (Il se fouille.)

BOABDIL, cherchant D. Maria des yeux.)

Je ne la vois plus !.. mais je la retrouverai !

CLAMPINOS.

La voilà !...

BOABDIL, vivement.

Qui ?

CLAMPINOS.

La dépêche que le gouvernement m'a remise pour toi !.. On te rend ton royaume, mon vieux... cinq cents chevaux dans ton harem... douze cents femmes dans tes écuries... et la cigarette à discrétion !..

BOABDIL, prenant la lettre.

Une lettre !.. Si c'était de Jacinthe pour m'expliquer...

CLAMPINOS.

Pour mon pour-boire, tu ne peux pas te dispenser de me nommer ton ministre... de l'instruction publique...   (Il retombe sur lui.)

BOABDIL, le repoussant.

Eh ! va donc !..

CLAMPINOS.

Je vas m'adosser... crainte des voitures.

(Il se place à droite sur un banc de pierre et s'endort en parlant à mi-voix.)

BOABDIL, qui a ouvert la lettre.

Non, de l'Alcade... (Lisant.) « Boabdil, mon
» digne ami... si tu veux regagner... les deux
» bourses que je te garde... tu n'as qu'à t'em-
» busquer dans la petite ruelle d'Alcala... et
» donner, de ma part, trois bons coups de stylet
» au colonel de Bracy... » Le lâche ! il me croit capable...

Air : Vite, vite, mon coursier noir. (De Labarre.)

Non, non, plutôt la mort !
Jamais la honte et l'infamie !...
J'irais déshonorer ma vie,
Et vendre le sang à prix d'or...
Non, non, plutôt la mort !
Pour me venger, oui, je peux le répandre.
La trahison d'un rival veut du sang !
Malheur à lui ! mais du moins, Dieu puissant
Je jure ici qu'il pourra se défendre !..

* Clampinos, Boabdil.

Mais... mais... mais à prix d'or !..
   Plutôt la mort que l'infamie !..
   J'irais déshonorer ma vie,
   Et vendre le sang à prix d'or!
   Non, non... plutôt la mort !..

Oh ! ce rival... que je ne puis découvrir...
(Regardant à droite.) Que vois-je?... Jacinthe qui
revient ici bien tranquillement... au bras de D.
Melchior... Il y a là-dessous un mystère que je
veux pénétrer, car il est impossible qu'elle me
trompe!.. (Montrant l'hôtellerie.) Cette hôtellerie
où j'ai installé mes camarades, oui !.. de la terrasse on peut tout voir... tout entendre... un
ducat au garçon... et je suis maître de la place !
          (Il entre dans l'hôtellerie à droite.)

SCÈNE IV.

CLAMPINOS, endormi à droite; D. MELCHIOR
   donnant le bras à JACINTHE, qui tient son masque à la main *; QUELQUES PROMENEURS, qui
   commencent à circuler au fond.

D. MELCHIOR, à Jacinthe.

N'aie donc pas peur, te dis-je !.. nous le trou-
verons... mais je veux être bien sûr que c'est
bien de toi que l'officier est amoureux !..

JACINTHE, à part.

Et je n'ai pu le prévenir ! (Haut.) Écoutez
donc, monsieur, devant vous, ce pauvre garçon
n'osera pas me faire la cour !.. Ce sont des choses... moi, d'abord, en public, ça me ferait rou-
gir !

D. MELCHIOR.

Bah !.. sous le masque !.. mais je veux être
certain de mon fait !..
   (Il se trouve près de Clampinos qui se réveille.)

CLAMPINOS, le prenant pour Boabdil.

Allons, mon vieux !.. dépêchons... j'ai peur
de m'enrhumer...

D. MELCHIOR.

Pouah !.. Qu'est-ce qu'il me veut, celui-là !..

CLAMPINOS.

Tiens !.. c'est le vénérable seigneur de la
Muscada qui vient lui-même payer la commission?
Salut et respect, l'ancien !.. c'est fait.

D. MELCHIOR.

Quoi ?..

CLAMPINOS.

Votre lettre... que le bonhomme Pachecho...

D. MELCHIOR, bas, et quittant Jacinthe qui a mis
son masque.

Chut... Tu l'as remise ?..

CLAMPINOS.

Suffit, qu'a dit l'autre en partant... on s'y
conformera !..

D. MELCHIOR, avec colère.

Ah ! butor !.. je te paierai...

CLAMPINOS, tendant la main.

Deux réaux pour la course... et quatre pour
boire !.. C'est un prix fait comme des petits pâ-
tés !..

D. MELCHIOR.

Pour boire... oui... je vais t'en faire donner!..
(A Clampinos.) Tiens, mon ami... va tout droit...
si tu peux...** la première porte à gauche... (A
part.) Mon bureau de police pour les ivrognes...

CLAMPINOS.

La première porte à main gauche...

D. MELCHIOR.

Tu n'auras besoin de rien dire... on verra
tout de suite de quoi il est question... et...

CLAMPINOS.

Suffit, altesse !..

D. MELCHIOR, à lui-même.

Au violon... toute la nuit !..

CLAMPINOS, qui n'a entendu que le dernier mot.

Je vous la souhaite bonne ! ainsi qu'à toute
votre respectable famille.   (Il sort en chancelant.)

D. MELCHIOR, à lui-même.

Et quant à ce jeune homme... (Il aperçoit Léon
au fond qui parle à quelques dames.) Le voilà... je
suis tranquille... Il ne peut rien lui arriver, je
suis là ! (Bas à Jacinthe.) Dis donc, Jacinthe... le
voici !..

JACINTHE, à part, masquée.

C'est fait de nous !

D. MELCHIOR.

C'est drôle... il n'accourt pas !..

JACINTHE, embarrassée.

C'est qu'il ne m'a point vue...

D. MELCHIOR.

Fais-lui signe !

JACINTHE.

Je n'ose !..

D. MELCHIOR.

Comment ! tu n'oses?.. Allons donc !.. Tu ne
veux pas ?... Je vais te le chercher...
          (Il remonte vers le fond à droite.)

JACINTHE, à part, ôtant son masque.

Ah ! mon Dieu... Et ce pauvre Boabdil ! il doit
être d'une inquiétude...

SCÈNE V.

LES MÊMES, * D. MARIA, LÉON au fond.

D. MARIA, paraissant à gauche, le masque à la
main.

Impossible de le rencontrer !.. J'aime mieux
rentrer !..

JACINTHE, courant à elle.

Madame !

D. MARIA.

Jacinthe !

JACINTHE, bas.

C'est le ciel qui vous envoie.

D. MARIA.

Comment ?

JACINTHE.

Mettez votre masque.

D. MARIA, le mettant.

Pourquoi ?

JACINTHE, bas.

Prenez ma place...

** D. MARIA, regardant au fond.

Mon mari !.. et Léon !..

JACINTHE, bas.

Ne craignez rien... soyez bien tendre... il sera
enchanté !.. (A part.) Et nous, tâchons de retrouver mon tigre royal !   (Elle s'esquive de côté.)

SCÈNE VI.

D. MARIA, MELCHIOR, LÉON; puis BOAB-
DIL sur la terrasse à droite. Quelques MASQUES au
fond.

D. MELCHIOR, amenant Léon.

Venez donc, colonel ! un petit masque qui veut
vous intriguer !..

LÉON, résistant.

Je ne connais personne à Séville...

D. MELCHIOR.

Bah !.. vous faites le discret !..

D. MARIA, à part.

Qu'est-ce que cela signifie ?..

BOABDIL, paraissant sur la terrasse et parlant à la
coulisse.

Buvez toujours !.. c'est moi qui paie !.. (Voyant
D. Maria masquée qu'il prend pour Jacinthe.) Elle
est encore là.

D. MELCHIOR, à Léon, lui montrant D. Maria.

On soupire... on vous attend...

LÉON, regardant D. Maria.

Une femme masquée ! (A l'Alcade.) Je vous jure
que j'ignore...

D. MELCHIOR, le poussant près d'elle et à mi-voix.*

C'est Jacinthe !

LÉON, étonné.

Jacinthe !

D. MARIA, bas et saisissant sa main.

C'est moi !

LÉON, à part et avec joie.

D. Maria !.. O bonheur !

BOABDIL, voyant Léon près de D. Maria.

Un officier !.. un Français !..

LÉON, bas à D. Maria, et avec feu.

Ah ! que je vous remercie ! que vous êtes
bonne !..

D. MARIA, bas.

De la prudence ! Je tremble !..

LÉON, à part.

Et c'est le mari lui-même ! Je n'y comprends
rien... mais n'importe...

BOABDIL.

Ecoutons bien !..

D. MELCHIOR, bas à Léon.

Ne faites pas attention à moi !.. Causez, causez ! je fais ma police...

(Il remonte et passe à gauche.)

QUATUOR.

Musique de Guénée.

ENSEMBLE.

LÉON, (A D. Maria.)	D. MELCHIOR, (A part, se frottant les mains.)
Pour moi, quel bonheur,	Pour moi quel bonheur !..
Le mari même	C'est elle-même,
Veut que l'on m'aime !	Elle qu'il aime,
Non, non, plus de frayeur !	Je n'ai plus de frayeur !
Moment charmant,	Moment charmant !
Ma main te presse...	Que de tendresse !
Vois mon ivresse...	Ah ! leur ivresse,
Réponds à ton amant !	Me touche au cœur vraiment

D. MARIA, (Bas.)	BOABDIL, (Sur la terrasse.)
Pour moi, quel bonheur !	Ah! grand Dieu, j'ai peur!
Mon mari même,	Tourment extrême...
Veut que je l'aime,	C'est elle-même,
Non, non, je n'ai plus peur!	Qu'il presse sur son cœur !

* Boabdil, Melchior, Léon, D. Maria.

SUITE DE L'ENSEMBLE.

Moment charmant...	C'est son amant...
Plein de tendresse !..	Fatale ivresse...
Oui, son ivresse	Ah ! leur tendresse
Va me gagner vraiment.	Aura son châtiment !

LÉON, à D. Maria.

Quoi toujours rebelle !..

D. MELCHIOR, à D. Maria.

Sois donc moins cruelle...

D. MARIA, faiblement.

Non, séparons-nous...

BOABDIL, à part.

Parjure, infidèle.

D. MELCHIOR, la poussant en riant.

Puisque le jaloux
N'est pas près de vous !

LÉON, lui prenant la main.

Refuser encore...
Ce doux rendez-vous
Que mon cœur implore ?..

BOABDIL.

O ciel !

D. MARIA, à voix basse.

Taisez-vous !

ENSEMBLE.

BOABDIL.

La perfide !.. ah ! déjà son langage est plus doux !

D. MELCHIOR, à part avec joie.

Il l'aura... j'en suis sûr ! son langage est plus doux !

ENSEMBLE.

LÉON.

Pour moi, quel bonheur !.. etc.

D. MARIA.

Pour moi, quel bonheur !.. etc.

D. MELCHIOR.

Pour moi, quel bonheur !.. etc.

BOABDIL.

Non, plus de bonheur !..
Supplice extrême,
C'est lui qu'elle aime...
Ah ! craignez ma fureur !
Dans un instant...
Leur folle ivresse,
Et leur tendresse,
Auront leur châtiment.

LÉON, plus pressant.

Vous pouvez vous taire...
Mais si ma prière
Vous touche... un baiser ?..

BOABDIL.

Comment !..

D. MARIA.

Un baiser !

D. MELCHIOR, la poussant.

Tu ne peux ma chère,
Le lui refuser...

LÉON, à D. Maria.

C'est se faire entendre,
Sans se dire rien...
Et si je l'obtien...

D. MARIA.

Comment me défendre...

BOABDIL.

Dieux !.. il va le prendre.

(Léon l'embrasse.)

ENSEMBLE.

D. MELCHIOR, se pâmant avec joie.

Un baiser ! un baiser !.. ah ! que ça fait de bien !..

BOABDIL.

Un baiser ! un baiser !.. ah ! je n'connais plus rien !..

ENSEMBLE, plus vif.

LÉON.

Pour moi, quel bonheur !.. etc.

D. MARIA.

Pour moi, quel bonheur !.. etc.

D. MELCHIOR.

Pour moi, quel bonheur !.. etc.

BOABDIL, furieux.

Non, plus de bonheur !.. etc.

BOABDIL, furieux.

Ah ! c'en est trop !.. (Il disparaît de la terrasse.)

D. MELCHIOR, transporté.

Je n'y tiens plus ! il faut que je l'embrasse aussi. (Il va à D. Maria, les bras ouverts, celle-ci qui se méprend à son intention, se sauve à gauche en poussant un cri de frayeur.)

LÉON, voulant la suivre.

Eh bien ?

D. MELCHIOR, le retenant.

Pauvre petite !.. elle est toute confuse !.. mais elle est à vous, colonel !..

LÉON, voulant s'en débarrasser.

Je l'espère !..

D. MELCHIOR, le retenant toujours.

Je vous en fais mon compliment... elle est très gentille... Je m'y connais... et je ne puis vous dire à quel point je suis heureux...

LÉON, riant.

Ça vous fait plaisir ?

D. MELCHIOR, riant.

Beaucoup ! Ne lui laissez pas le temps de se reconnaître.   LÉON, riant.

C'est ce que je vais faire !..

(Il la suit en courant.)

D. MELCHIOR, riant à se tenir les côtés.

Il la rattrapera ! Ah !.. ah !.. ah !.. il ne manquait là que l'autre imbécile que l'on trompe !..

SCÈNE VII.

D. MELCHIOR, BOABDIL, sortant de l'hôtellerie et voulant s'élancer sur les traces de Léon.*

BOABDIL.

Je le vois !.. il a pris de ce côté !.. Courons !

D. MELCHIOR, le voyant et l'arrêtant.

Boabdil ! où vas-tu malheureux ?..

BOABDIL, troublé.

Dire deux mots à ce jeune homme !..

D. MELCHIOR.

Pour notre affaire... Je m'en doutais... Garde-t'en bien... il y a contre-ordre !..

BOABDIL.

Mais...

D. MELCHIOR.

Veux-tu rester... maudit entêté ! Je te dis que tout est changé... (D'un air de confiance.) Je croyais que c'était pour ma femme qu'il venait... pauvre brebis ! Et pas du tout, mon cher, c'était pour Jacinthe !..

BOABDIL, à part.

Pour Jacinthe !

D. MELCHIOR.

Elle me l'a avoué !

BOABDIL, à part et accablé.

Plus moyen d'en douter !

' Boabdil, Melchior.

D. MELCHIOR.

Un jeune officier... une connaissance de magasin !.. Elle l'avertissait en secret par un pot de jasmin...

BOABDIL.

Un jasmin !..

D. MELCHIOR.

Pour se cacher d'un autre amoureux, un brutal... dont elle se moque...

BOABDIL, avec fureur.

Hein ?..

D. MELCHIOR.

Elle a raison !.. parce que les jaloux... c'est pain béni... Je n'en suis pas moins touché de ton zèle ; et ça mérite... (On entend un grand bruit au fond.) Hein ? qu'est-ce que c'est ? une dispute !..

DES VOIX criant à la fois au milieu de coup de fouet.

N'avancez pas... reculez donc !..

D. MELCHIOR.

Une bataille !.. des coups de poing... Me voilà !.. me voilà !..

(Il disparaît à droite au milieu de la foule.)

BOABDIL, seul, sur le devant de la scène.

Jacinthe !.. ah !.. (Se cachant la figure avec ses mains.) Je croyais ne jamais pleurer !.. Un colonel... il refusera de se battre avec moi !.. (Avec rage.) Et pourtant, il faut que je me venge, il le faut !.. car j'étouffe !..

SCÈNE VIII.

BOABDIL, TORÉADORS sortant de l'hôtellerie, à droite.

LES TORÉADORS entrant vivement et l'entourant.

Eh ! vite !.. à nos costumes...

UN TORÉADOR, à Boabdil.

Eh bien ! tu n'es pas encore habillé ?

BOABDIL, d'un air sombre.

Habillé ?

LE TORÉADOR.

Pour notre mascarade ! voilà le beau monde qui arrive ; nos costumes sont là... chez le père Gonzalès... (Montrant la gauche.) L'année dernière les écoliers nous ont enfoncé, il faut prendre notre revanche !..

BOABDIL, frappé du dernier mot, et avec force.

Une revanche !.. oui, oui... un revanche... (Avec une joie amère.) Allons, mes amis, de la gaîté !.. de la folie !.. des bouquets aux duchesses, des bonbons aux jeunes filles, des baisers aux grisettes... que chacun soit à son rôle... Quant à moi, j'en jouerai un auquel on ne s'attend guères !..

TOUS.

Vivat ! nous allons rire !

CHŒUR.

Air : Viva, viva Pucinella.

Voici l'instant, heureux signal,
Masques joyeux, volons au bal ;
Venez enfans du carnaval,
Accourez tous à son signal !..

(Ils entraînent Boabdil dans le cabaret à gauche ; au même instant, les masques entrent de tous côtés et garnissent le théâtre.)

SCÈNE IX.

(Promenade de masques de différens caractères. Des
polichinelles et des pierrots qui se poursuivent.
On se jette des bonbons, des fleurs, des œufs remplis de farine, etc. Toute la ville paraît illuminée
dans le fond.)

CHŒUR GÉNÉRAL.

Air : Bacchanale du Lac des Fées.

Jeux et folie,
Nous n'écoutons que votre voix.
Dans cette vie,
Heureux qui peut suivre vos lois !
Fifres et tambours,
Allons, qu'on résonne ;
Quand le plaisir sonne,
Sonne de beaux jours,
Sans les compter, prenons-les toujours !

(Danse. — Galop. — Une voiture entourée de masques paraît ; une
Dame et un Hidalgo l'occupent ; un Ours les fait descendre en
leur donnant la main. Un Polichinelle jette une poignée de farine
à la face de l'Hidalgo. Plusieurs masques l'imitent. L'Hidalgo en
est couvert en un instant ; l'Ours s'empare de la voiture. — Bruit.
— Dispute. — Ils sont entraînés par une farandole. Mouvement
dans le fond.)

CHŒUR GÉNÉRAL.

Jeux et folie, etc.

(La musique continue pianissimo.)

LÉON*, paraissant à droite.

Je suis d'une maladresse... elle m'est encore
échappée... (Courant à une Péruvienne masquée.)
Ah ! la voilà !..

JACINTHE, se démasquant.

Doucement, monsieur ! n'allez pas vous tromper ! c'est moi !

LÉON, vivement.

Jacinthe !.. D'honneur ! c'est à s'y mépren-
dre... Mais où est-elle ? où est-elle ?.. je t'en conjure...

JACINTHE, lui donnant le bras pour lui parler bas.

Ne vous désolez pas... on vous attend !

LÉON.

Où donc ?..

JACINTHE, lui donnant une clé.

Voici la clé d'une certaine jalousie que vous
connaissez... Pachecho dort !

LÉON, la prenant.

Je comprends ! Ah ! Jacinthe... (Ici on voit un
Pantalon masqué, qui les épiait de loin, s'approcher
peu à peu et les écouter.**) Je te dois mon bonheur, les plus doux instans de ma vie... et, avant
de partir, je veux tenir ma promesse... (Lui donnant un petit portefeuille.) Voici ta dot...

JACINTHE.

Je crois que je l'ai bien gagnée !..

LÉON, lui baisant les mains.

Oh ! tu as été d'une adresse ! Et maintenant
je te permets d'épouser ton roi maure !...

LE PANTALON, le frappant d'un coup de stylet.

Jamais !.. infâmes !..

LÉON, chancelant.

Ah !..

JACINTHE, éperdue et poussant un cri.

Ah !..

(Elle tombe évanouie dans les bras des femmes qui
sont accourues ; Léon est entouré par la foule, qui
le cache un moment aux yeux du public. Le Pantalon profite du tumulte et se précipite dans le cabaret à gauche, dont la porte se referme.)

* Jacinthe, Léon.
** Jacinthe, Léon, Boabdil.

TOUS, criant.

Au meurtre ! à l'assassin !.. L'Alcade !.. l'Alcade !..

SCÈNE X.

LES MÊMES, D. MELCHIOR*, ALGUAZILS.

D. MELCHIOR.

Qu'est-ce que c'est ? qu'est-ce qu'il y a !

VOIX CONFUSES.

Un Français qui vient d'être frappé...

D. MELCHIOR, voyant Léon.

Le colonel, blessé !.. Ah ! mon Dieu !.. et Jacinthe évanouie !

UN ALGUAZIL.

C'est un Pantalon qui a fait le coup !..

D. MELCHIOR.

Un Pantalon !

UN HOMME DU PEUPLE, montrant le cabaret à
gauche.

Il s'est jeté dans ce cabaret !..

D. MELCHIOR, à ses alguazils.

Il se barricade !.. Qu'on enfonce la porte !..
gardez toutes les issues... qu'il ne puisse s'échapper !.. Un officier français !.. oh Dieu ! ses sol-
dats n'auraient qu'à se soulever !

(La porte du cabaret est enfoncée.)

D. MELCHIOR, à la foule.

Rangez-vous !.. (A ses Alguazils.) Qu'on amène
le misérable... (Un Pantalon masqué sort du cabaret.)
Ah ! c'est donc toi... (Un second Pantalon, Boabdil,
paraît.) Non... c'est celui-ci... (Trois autres Pantalons sortent successivement du cabaret et viennent se
placer auprès des deux premiers.**) Diable ! ça se
complique !.. un régiment de Pantalons !.. (A lui-
même.) Il faut de l'intelligence... (Haut.) Quel
est celui de vous ?.. (A part.) Que je suis bête !..
il n'ira pas se nommer... Ah ! j'y suis !.. (Haut.)
Criminels Pantalons... vous cherchez en vain à
sauver le coupable... Je le connais... Le scélérat croit avoir frappé son rival... et c'est sa maîtresse qu'il a tuée !.. Regardez !

(Il la montre évanouie.)

BOABDIL, avec un cri.

Jacinthe !.. morte !.. et c'est moi !..

(Il arrache son masque et court à Jacinthe.)

TOUS, le reconnaissant

Boabdil !

D. MELCHIOR.

C'était lui !

BOABDIL, aux Alguazils qui le retiennent.

Laissez-moi ! (Il s'agenouille près de Jacinthe.***)
Jacinthe !.. ah !.. malheureux !... et c'est ma jalousie... Jacinthe.. au nom du ciel réponds-moi,
je t'en conjure... que je t'entende encore une
fois. (Jacinthe fait un mouvement.) O bonheur !...
elle ouvre les yeux !..

JACINTHE, ouvrant les yeux.

Où suis-je ?

BOABDIL, avec joie.

Elle respire encore !

JACINTHE, le reconnaissant.

Boabdil ! c'est toi !... mais le colonel ?

BOABDIL, reprenant sa fureur.

Le colonel !...

* Jacinthe, Melchior.
** Jacinthe, Melchior, Boabdil.
*** Jacinthe, Boabdil, Melchior.

JACINTHE.
Que lui est-il arrivé !

LÉON, paraissant près de Jacinthe avec un mouchoir
noir au poignet.
Presque rien, mon enfant... une égratignure...
rassure-toi !

BOABDIL, à part.
C'était pour lui qu'elle tremblait (Haut, regardant Léon.) Ah ! je n'ai qu'un regret ! c'est que
la main m'ait tourné et que ce ne soit pas au
cœur !

D. MELCHIOR, à la foule.
Vous l'entendez... il confesse la chose ! (A part.)
Je ne suis pas fâché que ce soit lui ! Le coquin
m'en a assez fait !... (Haut.) Son affaire ne sera
pas longue...

JACINTHE, inquiète.
Comment ?

D. MELCHIOR.
Pendu... à l'instant même... pour l'exemple...

TOUS. (Il remonte.)
Pendu !

BOABDIL, avec amertume, regardant Jacinthe.
Oui ! pendu ! je veux être pendu !.. ça me
fera plaisir !

LÉON, à Boabdil.
Y penses-tu ? qu'est-ce que tu as donc ?..
(Remontant à Melchior.) Permettez... permettez...,
seigneur Alcade... cette affaire me regarde, et
je ne souffrirai pas... (Il lui parle bas.)

JACINTHE, prenant Boabdil à part.
Maudit fou, que j'aime encore malgré moi ! tu
veux donc me faire mourir de chagrin...

BOABDIL, avec colère.
Laissez- moi !

JACINTHE, bas,
Tu as été trompé...

BOABDIL, ironiquement.
Je le sais.

JACINTHE.
Un costume pareil au mien, que portait ma
maîtresse...

BOABDIL.
Mensonge !

JACINTHE, montrant Léon.
Un rendez-vous que tu as fait manquer...

BOABDIL.
Imposture !

JACINTHE.
Il peut te sauver !..

BOABDIL, criant et frappant du pied.
Non... je ne veux rien de lui !.. Je veux être
pendu !

D. MARIA, accourant entourée de quelques femmes.
Laissez-moi, laissez-moi, vous dis-je !..
(L'Alcade est revenu à la gauche, et Léon se re-
trouve près de Jacinthe, de l'autre côté.)

JACINTHE, bas à Boabdil.
Tiens... regarde plutôt... la voilà elle-même.

SCÈNE XI.

LES MÊMES, D. MARIA vêtue d'une robe blanche
et dans le plus grand trouble.

D. MARIA, accourant.
Où est-il ? je veux le voir !..
Léon, Jacinthe, Boabdil, Melchior.

D. MELCHIOR.
Ma femme !

LÉON, à part.
Dona Maria !

JACINTHE, à part.
Elle va se trahir...

BOABDIL, regardant D. Maria.
En effet, son trouble...

D. MARIA, à ceux qui l'entourent.
Ne me cachez rien... on me l'a dit... un coup
de stylet....

JACINTHE, lui montrant Léon et lui faisant signe
que ce n'est rien.
Et vous avez tremblé... pour monsieur l'Alcade...

D. MARIA, le voyant et jetant un cri de joie.
Ah !

D. MELCHIOR, s'approchant en lui donnant la main.
Quoi, mignonne... c'est pour moi...
(Il lui baise la main.)

BOABDIL, apercevant le diamant au doigt de
D. Maria.
Ce diamant !.. ah ! malheureux !..

D. MARIA, répondant à D. Melchior et regardant
Léon.
Oui !.. au milieu du trouble... j'ai craint...
j'ai voulu m'assurer...

D. MELCHIOR.
Je suis par ici... ma bonne !.. Calme-toi...
elle est si troublée... je n'ai rien... c'est le colonel...

LÉON.
Une misère !.. une égratignure !... (On entend
le tambour dans le lointain.) qui ne m'empêchera
pas de partir... car voici mon régiment qui se
met en route.

D. MARIA, à part.
Partir !.. O ciel !..

BOABDIL, bas.
Restez, colonel... je vous dois un dédomma-
gement.

LÉON.
Comment ?..

BOABDIL, bas.
Vous rejoindrez demain...

D. MELCHIOR, à Jacinthe qui le supplie.
Laisse-moi donc tranquille... tu viens me trou-
bler... Ah ça !.. où en étions nous ?..

BOABDIL, à part.
Je te tiens, toi !..

D. MELCHIOR, à Boabdil.
Ah ! voilà !.. Je me flatte, mon garçon, que tu
feras bien les choses. Ce n'est pas pour moi ;
mais tu conçois... ces Français qui sont là... il
faut leur donner une bonne idée du caractère
espagnol. Es-tu prêt ?..

BOABDIL, avec aplomb.
Et vous, monsieur l'Alcade ?

D. MELCHIOR.
Moi !.. toujours !.. pour ces choses-là !..

BOABDIL.
Non, nous n'y sommes pas... Savez-vous que
c'est ennuyeux d'être pendu seul !.. vous me tien-
drez bien compagnie...

D. MELCHIOR, se récriant.
Hein !.. je te tiendrai... qu'est-ce que !.. pen-
dre un Alcade !..

BOABDIL, froidement.
Pour l'exemple ! ça vous est bien dû... (Tirant

un papier de sa poche.) car c'est vous qui m'avez
ordonné le coup... voilà votre billet...

JACINTHE.

Est-il possible !..

LÉON.

C'était lui !..

D. MARIA.

Quelle horreur !..

D. MELCHIOR, troublé.

Silence !.. Ne croyez pas... (A la foule qui remonte vers le fond.) Éloignez-vous !.. Oh !.. imbécile !.. et moi qui ai oublié... (Voulant le reprendre.) Rends-moi...

BOABDIL, l'escamotant,

Non pas !...

D. MELCHIOR.

Mais malheureux !..

BOABDIL, s'approchant de l'Alcade et d'un air go-
guenard.

Je me flatte que vous ferez bien les choses...
Ce n'est pas pour moi... mais ces Français qui
sont là... il faut leur donner une bonne idée du
caractère espagnol.

D. MELCHIOR, bas.

Veux-tu ta grâce... Veux-tu de l'or ?..

BOABDIL.

Non... nous serons pendus ensemble !.. Votre
femme sera veuve... J'ai idée que ça lui fera plaisir !..

D. MELCHIOR, furieux.

Cœur de Basilic !.. Mais, bourreau ! tu es
sans pitié !..

BOABDIL, feignant d'être attendri.

Non... je me sens pris de compassion... un si
bel homme, à la fleur de son âge !

(Il tire la lettre de sa poche.)

D. MELCHIOR, bas.

Ah ! tu me rends ma lettre ?

BOABDIL.

Minute !.. A une condition... vous allez me
conduire à Cadix...

D. MELCHIOR.

A Cadix...

D. MARIA et LÉON, à part.

Que dit-il ?

BOABDIL, montrant Jacinthe.

Avec ma femme que je vous présente.

JACINTHE.

Qu'entends-je ?..

D. MELCHIOR.

Jacinthe ! tu l'épouses ? (A part.) Allons, il est
d'une bonne pâte. (Haut.) Et qu'est-ce que tu
veux que j'aille faire à Cadix ?

BOABDIL.

Quand nous serons embarqués sur un vais-
seau français... vous me remettrez les sommes
promises... vous paierez notre voyage jusqu'à Paris... et, en mettant à la voile... je vous restitue
votre billet.

D. MELCHIOR.

Par exemple !

BOABDIL, élevant la voix.

Si non...je l'envoie au maréchal commandant,
et nous jouirons tous de la vue d'un Alcade dan-
sant la cachucha...

D. MELCHIOR.

Tais-toi... tais-toi... je consens à tout... et...
(Avec un soupir.) je pars pour Cadix !..

D. MARIA, LÉON, JACINTHE.

Pour Cadix !

D. MELCHIOR, à sa femme.

Un voyage de santé... je vous expliquerai...
(A la foule.) Il est innocent... il est blanc comme
neige... la justice est satisfaite... reprenez le
cours de vos divertissemens... * (A D. Maria.)
Et vous, ma bonne, rentrez !.. dans vingt-quatre
heures, je serai de retour !

LÉON, avec transport et regardant D. Maria.

Vingt-quatre heures !..

BOABDIL, bas à Léon.

Vingt-quatre heures !.. Colonel... je crois que
nous sommes quittes !.. (Haut.) Me pardonnez-
vous ?

LÉON, lui serrant la main en regardant D. Maria qui
baisse les yeux.

Ah ! mon ami ! nous nous reverrons !

D. MELCHIOR, à part.

Il lui demande pardon encore ! Oh ! ces maris
ne voient pas plus loin que... (Tendant la main à
Léon.) Colonel... le vôtre de tout mon cœur !

CHŒUR GÉNÉRAL.

Air : Bacchanale du Lac des Fées.

Jeux et folie, etc.

* D. Maria , Melchior, Jacinthe , Boabdil , Léon.

FIN DU TORÉADOR.

Imprimerie de Mme De Lacombe, rue d'Enghein, 12.

www.ingramcontent.com/pod-product-compliance
Lightning Source LLC
LaVergne TN
LVHW021208200726
843510LV00001B/499